JN123015

香港映画 100の情景

輝く世界と自由な記憶

林 加奈子、美山恵子 著

言視舎

目次

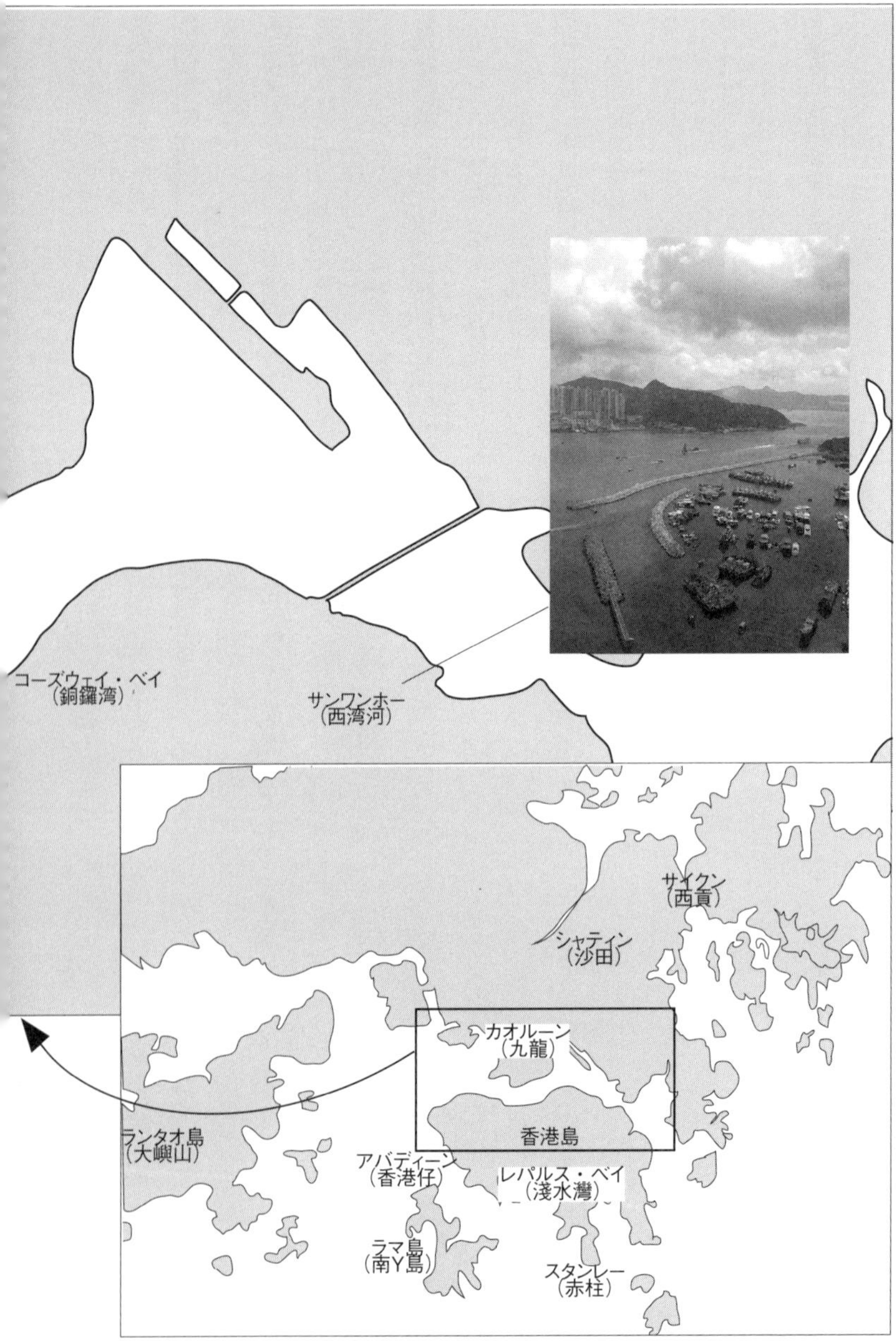

コーズウェイ・ベイ
（銅鑼湾）
サンワンホー
（西湾河）
サイクン
（西貢）
シャティン
（沙田）
カオルーン
（九龍）
香港島
ランタオ島
（大嶼山）
アバディーン
（香港仔）
レパルス・ベイ
（淺水灣）
ラマ島
（南Y島）
スタンレー
（赤柱）

香港略図
プリンス・エドワード
（太子）
モンコック
（旺角）
ヤウマテイ
（油麻地）
チムサーチョイ
（尖沙咀）
ビクトリア・ハーバー
ションワン
（上環）
セントラル
（中環）
ワンチャ
（湾仔）
アドミラルティ
（金鐘）

第1章

ノーマンからユエンリンまで

敬愛なる香港人について

陸羽茶室

ノーマン・ワン（王為傑）とウォン・カーウァイ（王家衛）

❖林

香港島はセントラル（中環）にある老舗の陸羽茶室で、美山さんと飲茶をご一緒しながら香港映画についてお喋りする。そんなイメージで、香港映画を観たことない人たちへお勧めの作品タイトルを挙げながら四方山話ができましたらと思います。それから映画に負けず劣らず忘れられない素敵な香港の人たちの思い出と、香港ならではの街のエピソードも思い出しながら。香港へもいつの日かご一緒できたらいいですね。

ウォン・カーウァイ作品は日本でも人気ですが、香港映画全体から見たら異色ですよね。カンヌでもベルリン国際映画祭でも人気を博したカーウァイ作品ですが、世界へのアピールが成功したのには、脇で支えている**ノーマン・ワン**の存在を忘れてはいけないと思います。

肩書だとメディア・コンサルタント、フィルム・パブリシストと紹介されていて、例えば映画祭でのプレミア上映の時に広報宣伝の一環でプレス取材を仕切ったり、交流会の手配をしたり、出席する監督やキャストのスケジュール管理などもなさる。広くて深い人脈も重要ですが、細やかな気配りができる人じゃないと務まらない仕事です。

ノーマンは、後述するジェイコブやユエンリンとアメリカ留学時代には既に親友だったと聞いた記憶がありますが、年は私より少し上です。**スタンリー・クワン**監督の『**フルムーン・イン・ニューヨーク**』は、中国、香港、台湾の3人の女性がニューヨークで逞しく生きて行こうとする映画で、衣装も室内装飾もモノトーンを基調としたお洒落な映画でしたけど、クレジットの冒頭にスペシャル・サンクスでノーマンの名前が出てきますから、あの頃はニューヨーク在住だったはず。それから後、2013年の『**風暴ファイアー・ストーム**』では、医師の役で出演されていたのを見つけたこともありましたから、撮影現場経験もあるパブリシストですね。笑顔が素敵な人です。ノーマンは、私が移り住んだ頃は香港に戻っていて、じつは広東語の先生をしてくれたことがありました。

私は返還後、1998年春の香港映画祭に間に合うように東京を出発して、2001年の香港映画祭が終わった後での帰国まで3年余り居住しました。その前は川喜多記念映画文化財団で映画祭コーディネーターを、香港滞在中はヴェネチアとベルリン国際映画祭のコンサルタントを、そして帰国後は東京フィルメックスの映画祭ディレクターを務めたので、考えてみたら丁度香港滞在が仕事の区切りになっています。香港での最初の夏にはノーマンのお母様が入院中で、彼が病院にいるけど暇だからと週に1回、いや2回だったかな、病院の食堂で**アニタ・ムイ（梅艶芳）**の歌の歌詞をテキストに発音練習をタダで教えてくれたのです。実際には勉強はほんの少しで、すぐにお茶を飲みながら業界のゴシップや新作映画の話などお喋りして、その後はショッピングに連れ出しても

『フルムーン・イン・ニューヨーク』

らって毎回遊んでしまいましたが、ローカル人とのショッピングは路地裏をウロウロしたりして面白かったです。結局広東語はさっぱり習得できませんでしたけれども。

名字のワンは漢字だと王。これは広東語だとウォンという発音ですが、ワンという人もいます。出身地などにより上海語や北京語からか広東語からで、ワンだったりウォンだったりするようで、広東語だと黄さんという名字もウォンという発音になるから、音からだけでは漢字がわからない場合がありますね。逆に混乱してしまうのはチャンかチェンか、例えば同じ陳という名字でも**ジャッキー・チェン**（**陳港生**、成龍）だけど、**ケリー・チャン**（**陳慧淋**）だったり。まあジャッキー・チェンの場合は、日本の配給会社がチャンにせずに意図的にチェンと表記したそうですが。**トニー・レオン（梁朝偉）**と**トニー・レオン・カーフェイ（梁家輝）**も紛らわしいし、**ジミー・ウォング（王羽）**だけはウォンでもワンでもなくて何故ウォングと書くのかとか。容易に混乱が渦巻きます。そもそもカタカナにするのに無理があるわけで、このテーマだけで一冊の本になってしまうくらいですよね。

それでノーマンのお母様は闘病の末に残念ながら亡くなられたのですが、香港のお葬式というのが何ともユニークでびっくりしました。普段着の上に真っ黒なマントみたいなのを羽織るだけ。まるでキョンシーが出てくる映画みたいなのですよ。なんとまあ合理的で効率的な香港文化であることよって感服しました。

ノーマンはその後アメリカ系の映画会社に在籍した時もありましたが、引き続きウォン・カーウァイ作品や彼の製作した作品の国際展開を手伝っていらっしゃいます。もちろん他の監督作品のヘルプも。そもそもカーウァイ作品以前から中国や台湾の巨匠監督のアメリカ公開などに向けての立役者でもいらっしゃるので、その功績もさることながら、人脈の広さはスペシャルです。ウォン・カーウァイ監督がベルリン映画祭の審査委員長をなさった時にも張りついていました。優しくて細やかで、業界の噂も新作の状況も全てに早耳のノーマンみたいな頼れる人が傍らにいたら、本当に心強いと思います。

❖美山

陸羽茶室のあの空間へは、自然に心が飛んでいけますね。坂を上って、狭いスタンレー通り（士丹利街）に入ると見えてきます。歴史のある店構えとインド人のドアマン、しっとりとした店内、レトロな制服を着た給仕のおじさまたち……。そして何より美味しい飲茶。林さんと親しくさせていただくようになったきっかけも、私にとっては初めての陸羽茶室で待ち合わせをして、飲茶をご馳走になったことからでした。覚えていらっしゃいますか。老舗ならではの重厚な雰囲気に包まれた落ち着いたテーブルを想いながら、香港映画の話がたくさんできそうです。

アニタ・ムイは、歌手としても女優としても大人気でしたね。私も広東語の独特の発音やトーンに惹かれて、しばらくの間、習っていました。先生は、最初は広州の方、次はマカオ出身の方でした。あくまでもイメージですが、アニタ・ムイのように、不思議と女性の声が低いように思います。街で話している女の子たちも「嗋呀、嗋呀（ハイアー、ハイアー）」と独特のイントネーションで低く繰り返す。みんな声が大きいので、歩きながらまわりの人たちの会話を聞くのも楽しいです。

お葬式に参列されたのは貴重な体験ですね。私は結婚式の披露宴に行ったことがありますが、披露宴前は麻雀を楽しみ、コースには必ず子豚の丸焼きが出てくるらしく、日本と違うことがいろいろあって面白かったです。冠婚葬祭を体験するとそこの文化がよくわかります。映画も、その国の

『恋する惑星』

生活や文化を知るにはいちばん早くてよい方法だと思います。

▼スタイリッシュな作風

さて、**ウォン・カーウァイ**。異色でした。一世を風靡した当時、スタイリッシュという言葉があまりにもつき過ぎて、私は少し距離を置いていたのを覚えています。それでも、『恋する惑星』に出てくるセントラル（中環）のヒルサイド・エスカレーターは、香港好きにはたまらないロケーションでした。香港は土地が狭くて、小高いところを切り開いてかなり上のほうまで住宅地が続いていますし、その途中の美味しいお店に行くには、よくぞ造ってくれました！と感動のエスカレーターでしかなかったものが、映像にあのようにオシャレに切り取られると驚きます。

❖林

そうそう、スタイリッシュという言葉がぴったり。私たちの世代だとほぼ製作順に観られていますね。まず、香港の蒸し暑い感じ。『**欲望の翼**』で肌がベタベタした感じや、扇風機を取り合うように自分のほうに向けた**レスリー・チャン**（**張國榮**）と**カリーナ・ラウ**（**劉嘉玲**）もそうでしたが、『**恋する惑星**』でもジトッとした湿度感が伝わって、ドキュメンタリーみたいな感覚を味わえます。もちろん手持ちカメラの画面が、見ている側も一緒に動いているような気持ちにしてくれる効果もありますね。セントラル（中環）のヒルサイド・エスカレーターや重慶マンションはあるがままの姿で映っているけど、それは今までの香港映画で見られた絵葉書のような映り具合ではありません。だからこそ観客はあそこへ行ってみたいと思えたのでしょう。

色づかいもユニークです。作り込まれたものとリアルな感覚とのバランスが面白く楽しめます。刑事や警官は香港映画では必ずと言っていいほど出てきますが、『恋する惑星』の**金城武**も**トニー・レオン**（**梁朝偉**）も確かに職務は遂行しているけどステレオタイプではなくて、わりとウダウダと悩める普通の人として映画の中で生きています。

音楽は洋楽でお洒落。それも『**欲望の翼**』や『**花様年華**』を始めとしてキューバやブラジルのラテン音楽が使われ、『**恋する惑星**』では「夢のカリフォルニア」が繰り返されます。香港映画総

『欲望の翼』

じてとは言えませんが、他の映画ではその音楽の使い方にかなりベタなところがありましたよね。限りなく『００７』のテーマに近似の旋律をアクション場面の見せ場で使ったり、『明日に向って撃て！』の中の曲、「雨にぬれても」に似ているメロディーが何気なく流れている映画もありましたっけ。だから香港映画の音楽ってちょっと辟易したことも正直言うとあったのですが、**ウォン・カーウァイ**映画は画期的でした。『欲望の翼』で、ラテン音楽をカバーしたラストのアニタ・ムイのアンニュイな声色も忘れ難いし、『恋する惑星』ではポップにお洒落な感じ。いわんや『花様年華』をや。

モノローグも多用されていますね。それは、しばしば映像よりも先に彼らの気持ちや行動を呟くので、感情の盛り上がりを描くというよりそれぞれの登場人物が過ごした孤独な時間を共有できる。そして手持ちカメラの映像は、私達の目で追っているように思わせてくれます。ウォン・カーウァイ作品に似せたふうな映画はその後たくさん創られましたが、スタイルは真似できてもセンスは真似できないでしょう。彼にしかできない世界観だと思います。

❖美山

ラテン音楽や洋楽のリズムとは打って変わって、**『花様年華』**はじっとりと重いワルツの音色から物語が始まっていきます。〝満開の女性の美しさ〟を指すタイトルの通り、主人公の**マギー・チャン（張曼玉）**は本当に美しいです。彼女の着るチャイナドレスは、赤いバラや白い水仙の花が鮮やかに咲いた生地もあれば、おとなしいチェックの柄に凝った作りのチャイナボタンが並んでいるものもあって、それに見とれて、物語についていくのを忘れてしまうほど。以前にインドの国際映画祭に向かうとき、マギー・チャンと同じ国内線の飛行機に乗り合わせたことがありました。白のTシャツにジーンズ姿、お化粧もほとんどしていないようで、カッコよかったです。『花様年華』とは真逆の姿を拝見しました。

ほかの美術も、あまりにも凝っていて目を奪われます。照明、カーテン、壁紙……くすんだ色と柄が雰囲気をこれでもかと盛り上げます。主人公のふたりが佇む街角の古い外壁や**トニー・レオ**

ンの吐く煙草の煙まで美しく見えてしまいます。それから、屋台で麺をポットに入れてもらったり、昔の日本の電気釜が出てきたり、食文化に関することも発見があり、あるいは懐かしく思ったり、小道具を見るのにも忙しいです。現在、アメリカンアンティークで人気のファイヤーキング・シリーズの食器もポイントです。翡翠色のカップアンドソーサーやプレートが画面のアクセントになっています。**『欲望の翼』**でも**カリーナ・ラウ**の前にポツンと置かれていましたね。

設定は１９６０年代の香港。当時、上海から移り住んだ人が多く、大家さん一家が話すのは上海語です。上海で生まれ育った私の母が、よく冗談で片言の上海語を話すのですが、広東語と同様に少し荒っぽい、でも親しみのもてる響きなんですよね。『欲望の翼』の養母も上海語を威勢よく話し、白い制服を着たお手伝いさん〝阿姨〟（アーイー）もいます。母の幼少

『花様年華』
好評配信中
© 2000, 2009 Block 2 Pictures Inc. All Rights Reserved.

の頃も同じような長い黒髪の〝阿媽〟（アマ、外国人に雇われると呼び名が変わります）がいたそうです。上海語を話す年配の女性やお手伝いさんは、上海出身のウォン・カーウァイ監督の幼少期の影響なのではないでしょうか。大勢の人が大陸やほかの土地から香港に移住するも、また次の土地へ向かう。これはその後、香港返還前にさらに加速されていきますが、『欲望の翼』の養母と同様に、『花様年華』の大家さんもアメリカへ移っていき物語も最後の展開を迎えます。

▼さまざまな問いかけ、さまざまな解釈

❖林

『花様年華』。ムーディーでしたね。偶然同じ日に同じフロアの部屋を間借りすることになった男女。配偶者はいるけどそれぞれに海外出張が多くて留守になりがちで、男女はそれぞれに静かに暮らしているけど、ある日二人の間に会話がなされ、一つの疑問が二人の間で確証になる。それぞれの夫と妻が浮気しているのではないか。そこから話が動いていく。――という映画にも見えるのですが、本当にそうなのかしら。私にはもっと謎めいて曖昧な、もちろん作り手の意図でしょうが、ぼんやりとした映画なのではなかろうかとも思えます。

そもそも、これは果たして大人の恋愛映画なのかしら。映画の中でいろいろと示唆されている事柄は必ずしも一つの解釈に至るとは限らないのではないかと考え始めると、いくつもの想像が広

がっていきます。例えば結婚指輪を外すのは結婚生活をやめる時だけとは限らないように。過去を振り返って、その記憶を塗り替えているような感覚と言ったらいいのでしょうか。思い出は美しくなってところどころ鮮やかに、またある部分はおぼろげで曖昧になりますよね。**トニー・レオン**と**マギー・チャン**扮する男女が映画の中で実際に起こったことと、頭の中で思った希望やあるいは妄想。時間が経つにつれて、いくつもの妄想が現実と一緒に混じり合ってしまっているのではないか。それらはもはや自分たちにも区別がつかないほどに。

それぞれの妻と夫は浮気をしていたのか。私にはそこからして謎です。浮気をしている夫に対して、浮気を問いただす練習をしている男女の場面はありましたけど。そもそもこれほど近隣に住んでの不倫で、同じバッグや同じネクタイを買うなんて、間抜けじゃないのかしら。それとも早く発覚して欲しくてワザとなのか。確かに最初のほうで女と夫が社長から頼まれたものについて話す場面があって、同じものじゃあ良くないのではないかって夫が言っていたのは伏線にも思えますしね。

英語のタイトルが『**In the Mood for Love**』。これは言い得て妙だと思います。愛する雰囲気の中にいる男女を味わうことができたようには思えますから。しかしながら、もしかしたらすべては幻だったのかもしれず、謎は全編を通してどころか、以前の『**欲望の翼**』から、この後の『**2046**』へとクルクル広がっていきます。

変容する過去。映画を観る私達にこの男女の夢かうつつの記憶を追体験させるのが作り手の意図なのなら、繰り返される倦怠感あるワルツもインパクトのあるチャイナドレスも、夢と現実を行き来するような階段も、時折激しく降りしきる雨も、そして女が働く会社の社長のネクタイや、女のスリッパまでもが、波のように強弱をつけて濃すぎるほどの印象で迫ってきても不思議じゃないなと思えます。その雰囲気の中で、何かが起こったのか、あるいは何も起こらなかったのか。もはや男女二人にも定かでないほどに遠い過去になってしまっているのではないのかな。辛くて苦しくも甘美な記憶、それは涙を流している自分に酔っているかのような。

この作品については観た人それぞれによって、さまざまな解釈があろうかと思いますが、用意されている正解はないのではないか、そんなふうに思えてしまう。映画サークルとか何人かの集まりで合評会をしたら、意見が千差万別で面白い展開になりそうな映画ですよね。また自分自身の中でも10年後に観たら別の受け止め方ができるかも。

ところで、時計の文字盤が大きく映し出されるシーンが何度もありましたね。ＳＩＥＭＥＮＳと書いてあるドイツ製の時計でした。チムサーチョイ（尖沙咀）の先端から香港島を望むと、かつては日本も含めてたくさんの大企業が所狭しと看板を出していましたが、ワンチャイ（湾仔）辺りにＳＩＥＭＥＮＳの文字がくっきり浮かび上がっていたのを覚えています。最近では企業広告をあまりたくさんは見かけませんけれど。

そう言えば、香港は免税措置の恩恵を受けられる港で買い物天国でしたが、息子が遊んでもらった子どもの家庭でヨーロッパからの時計の輸入業をしている大金持ちの家族がいました。三人の子供一人一人にフィリピンからの家政婦がついて、不動産ももちろんいくつもお持ちだし、子どもの一歳のお誕生会はシャティン（沙田）競馬場にある大広間に親戚やお友達が何十人も集まってお祝いをしていたから、馬主でもいらしたのかしら。私が見かける時にはいつもミスターは短パン半袖だったけど、ミセスの足となるお車でさえも黒塗りでピカピカ。そのミセスはマカオ出身ポルトガル系の楚々としていながらフィリピーノ達と一緒に子どもと遊技場で遊ぶような、気さくで物腰の柔らかな美女でした。もしかしたら『**花様年華**』でアップになっていた時計は、ミスターのお祖父さまの時代に輸入販売した時計だったりするのかも、なんて。勝手な妄想をしてしまいました。

思い起こせば、掛け時計は『**欲望の翼**』でも印象的に何度も画面に映ってチクタクと時を刻む音までも聞こえていましたね。愛するとは時を共有することだと言わんばかりに。人生の限りある時間を誰のためにそして何のために使うのか。どうなろうとも限りなく満たされないヨディ（レスリー・チャン）の一分間とイノセントだったスー・リーチェン（マギー・チャン）の一分間が重なることから、何が変わり何が変わらなかったのか。時を刻む描写、時はいつでも誰にでも刻まれているけど、百時間経っても千時間経っても同じものはあるのか。あるのならそれに価値があるものか。価値なんてなくても構わないのか。時に価値がないのなら、共通の価値はお金に見出されてしまうのか。そんな問いかけが同じく60年代が舞台の『花様年華』と『2046』にも貫かれているように思えます。

❖美山

林さんの受け止め方を聞いて私もよく考えました。『花様年華』はただの恋愛物語ではなく、私たちに深く考えさせるという点から成功し、今でも評価が高いのかもしれません。『欲望の翼』も記憶が共有されるものなのか、独りよがりのものなのか、さまざまな問いかけがあったと思います。

ここで『羅生門』を思い浮かべる人が多いと思いますが、私はインドのアドゥール・ゴーパーラクリシュナン監督の『モノローグ』を思い出しました。同じ物語が、主人公と第三者の目からと2回語られるのですが、語り手が違うと全然違う話になってしまうんです。それは主人公の少年が数えながら上る村の石の階段が、1度目と2度目の数が違うことに象徴されています。『花様年華』では、最後に出てくる文章から、これは男性が独白している現実、記憶、妄想なのかと思えます。〝過ぎ去った歳月は、埃で曇るガラスの向こうにあって、見えても掴むことはできない。彼は過去を思い返し続ける。ガラスを壊すことができれば失った日々を取り戻せるだろうに〟

クリストファー・ドイル（杜可風）

❖林
この方も香港映画を語る時に欠かせない人ですね。**ウォン・カーウァイ**作品のみならず、監督作品もあるし。日本映画、韓国映画、アメリカ映画にも縦横無尽にご活躍で、あれもこれも忘れられない作品がいっぱいあります。

撮影監督としてのご担当が多いですが、**クリストファー・ドイル**は香港国際映画祭でも特集上映会でも割とフットワーク軽やかに参加されていて、よくお見かけした記憶があります。いつもビール瓶を片手に、カメラを覗きながら何か撮っていらっしゃる。香港アートセンターのビルの前とかでも決して立ち止まらずに、常に御自身も動きながらカメラを動かしていました。いくつもの映画で手持ちカメラの映像を楽しめますが、何か特別に撮影だからというよりも、いつでもカメラから世界を見ているような、そんな印象があります。凄い人ですよね。

❖美山
ウォン・カーウァイ作品の撮影監督として映画誌でよくお顔を拝見していた頃、偶然お会いしたことがありました。国際交流基金が主催し、多国籍の俳優が演じる「リア王」が香港で上演されたとき、知人が制作に関わっていたので、それこそアートセンターでの打ち上げに参加したのですが、見覚えのある白髪交じりのクリクリヘアの西欧人が楽しそうにお酒を召し上がっていました。偶然そこで飲まれていたのでしょうね。仕事ならあまり動じないのですが、この時は突然だったこともあって、思わず「クリストファー・ドイルさんですよね？」と話しかけた後、気がつくと手が震えているんです。「あれー、私、手が震えてます」と言うと、その瞬間、ニッコリと笑ってがっしりと抱き締められました。人懐こい、フレンドリーな方でした。

クリストファー・ドイルのカメラに影響を受けた映画人も多かったでしょう。その後、アジアだけでなく世界でも活躍されて、自身のカメラワークのように疾走し続けるアーティストです。彼にはどこの国の映画だとかそういう意識はもうなくて、いい意味で漂流しているプロの仕事人ですね。

❖林

そう、ボーダーレスに活躍するプロ。柔軟で臨機応変に動ける才能があればこそ、どんな編成の映画にでも対応できるのでしょう。その秘訣を**クリストファー・ドイル**に直接聞いたら、いかなる場合でも同じだよって飄々と言われそうな感じがしますけどね。縛られずに自由自在な感じ。

香港映画は国際的な共同製作も数多くありますね。クリストファー・ドイルに限らず、また必ずしも返還後に初めて中国の資本が入って来て様相を変えたのでもなく、以前から柔軟にいろんな国や地域との共同製作を成し得てきました。香港の監督達は英語が堪能な人が多いということもありますが、特に80年代以降の監督達の多くがイギリスやアメリカに留学されているし、香港は国際的な都市で世界の観客を意識している。普通に劇場公開する時には英語字幕も付いているし、そこは日本とは大きく違うところですね。

香港は大雑把に言えば東京都の半分ほどの面積に東京都民の半分ほどの住民がいるところ。映画を公開するマーケットとしてはシンガポールや他の都市の華僑たちも大事な観客でしょうが、国際的な展開を目指して意識的に共同製作を進めていますし、**ジャッキー・チェン**や**チョウ・ユンファ（周潤發）**に限らず、ハリウッド映画に進出したスターもいて積極的に海外進出していました。だから香港映画は多種多様で海外からの資本のみならず、スタッフも世界から集結して隆盛を極めた時期があったのでしょう。

そもそも香港映画とは何か。香港スターが出ている作品？　香港を舞台にしている映画？　監督が香港出身？　広東語の映画？　どれも的を射ていませんよね。一般的には、その作品の製作会社の所在地がどこにあるのか、それによって日本映画、フランス映画と言われます。金子修介監督が東宝の製作で作られた『香港パラダイス』は、日本映画。井上梅次監督が香港のショウ・ブラザーズという会社で作られた『**香港ノクターン**』は、香港映画と言われます。この映画、**チェン・ペイペイ（鄭佩佩）**が可愛くて、途中から倍賞千恵子さんに見えて来る錯覚に陥るほど日本映画って様相の作品ですけどね。

香港映画にはアメリカやフランス、日本や中国からの資本が入って製作されている作品がたくさんあります。例えば『**燃えよドラゴン**』は香港とアメリカ。『**さらば、わが愛／覇王別姫**』は香港、中国、台湾。『**客途秋恨**』や『**20　30　40の恋**』は香港、台湾、日本。『**宋家の三姉妹**』は香港、日本。『**花様年華**』は香港、フランスといった具合に。北米が舞台の『**キャノンボール**』もアメリカと香港での製作でした。

日本からのスタッフやキャストも数多く活躍していて、撮影監督では西本正さんが**ホー・ランシャン（賀蘭山）**という名前で『**大酔侠**』や『**香港ノクターン**』を始め**ブルース・リー（李小龍）**作品をなさったのは有名だし、倉田保昭さん、西脇美智子さん、**シンシア・ラスター**こと大島由加里さん、千葉真一さんを始め、まだまだたくさんいらっしゃいます。

この本では国際共同製作で香港が入っている作品も、ロケ地香港のアメリカ映画『**慕情**』にも触れたいと考えています。そしてできる限りＤＶＤやオンライン配信などで視聴可能な作品を取り上げたいと思います。もちろん時代が変わってデジタル修復などが進んだり、もっと広い範囲で香港映画の人気が盛り上がってきたら、観られる作品も増えていくでしょうから、希望を持ちつつ忘れ得ぬ作品はどんどん話題に出していくことにしましょう。

バウター・バレンドレクト（博偉達）

❖林　**バウター**はオランダ人で、香港に移住なさってアジア映画を国際的に広げることに尽力した重要な人でした。心臓発作で43歳の若さで突然亡くなられましたが、美山さんは会われた機会がありましたか。

フォルティッシシモというワールドセールスの会社がオランダにあって、アメリカ人のマイケル・ワーナーとその香港支局を開設して、香港映画のみならずタイ映画や日本映画も取り扱われていました。ワールドセールスは海外配給に向けての窓口となる業務で、プレミア上映となる国際映画祭でのプロモーションが重要です。黒沢清監督の『トウキョウソナタ』もフォルティッシシモでしたね。他にもタイのペンエーグ・ラッタナルアーン監督作品や、ゲイ関連の作品もホラー映画も、もちろん**ウォン・カーウァイ**や**ツイ・ハーク**（**徐克**）の作品も扱われていました。

バウターからはオランダのロッテルダム国際映画祭の運営相談を受けたりしたこともかつてはあ

りましたが、オランダ式挨拶のキスは、右、左、右の頬に三回だよって教えてもらったし。優しくて人脈も広く、映画の知識も豊かな人でした。私より少し年下ですが、彼の映画業界最初の仕事はベルリン映画祭のフォーラム部門のスタッフでした。フォーラム部門の精神、グレゴール夫妻をボスとして仰いだ経験がある人。グレゴール夫妻もバウターの突然の訃報に泣きくれていらっしゃいました。

私が香港居住後にもいち早くワンチャイ（湾仔）にある六国ホテルで優しく歓迎してくれました。六国ホテルって確か『スージー・ウォンの世界』に出てきた安宿と同じ名前ですが、行ってみたら立派なホテル。香港はホテルにも良い店が多く、飲茶でも有名な店があるしそれぞれに特徴がありますね。

日本に戻った後には、スイスのロカルノ国際映画祭で、ネットパック（アジア映画振興ネットワーク）賞の審査員をご一緒したことがあって、キム・ギドク監督の『春夏秋冬、そして春』をぶっちぎりで選出しました。その時、もう時効だと思いますがバウターはニューヨークで完成したある新作を観るために、映画祭事務局には内緒で中抜けしてニューヨーク往復をされて、授賞式には何事もなかったかのように戻って来ました。今ならオンラインで簡単に済むけど、どうしても9月頭のヴェネチア映画祭に向けて映画を観ての打ち合わせが必要だったのでしょう。ワールドセールスの仕事って、映画祭前の準備も労苦だなって思いました。おまけにニューヨークが大停電になった時で現地でも飛行機も混乱したらしく、よくぞ間に合って戻って来られたなと思います。

❖美山

バウターさん、お会いしたことはありませんが、エピソードを聞いているだけでアジア映画を愛してくださり、皆さんから信頼されていたことがわかります。香港を含めアジア映画を世界に普及させた人たちには、一般にはあまり知られていない陰の尽力者がいるのだと改めて思います。

確かに、ホテルにも飲茶の名店は多いですよね。芒果プリンなら九龍ホテルが美味しいとか、飲茶のメニューの中で評判のものがあって、金魚やパンダの形をした珍しい点心を売りにしているお店もあります。ワゴンに湯気の立つ蒸籠をたくさん載せたおばちゃんたちがテーブルを回る方式も最近は少なくなって、さみしく思います。

飲茶点心

林さんは海外の多くの映画祭で審査員を務めていらっ

しゃいますが、一緒に審査をした映画人や賞に選んだ作品は、その時のエピソードとともに忘れられないことと思います。私も、フィルメックスのお手伝いをさせていただいた10年のうち8年は審査員のホスピタリティを担当し、著名な映画人の皆さまと1週間余り同じ時間を過ごすことができて素晴らしい経験になりました。映画祭って、仕事をするのも、仕事なしに参加するのも、一度ハマるとどうにも抜け出せません。どちらの意味でも、香港国際映画祭は大好きな映画祭のひとつです。

❖**林**

美山さんにはフィルメックスでも大変お世話になり、改めて感謝と御礼を申し上げます。最初にお会いしたのはアジアフォーカス・福岡映画祭の事務局で佐藤忠男・久子夫妻の右腕として渉外業務をしていらした１９９０年代の初めでしたね。忠男・久子夫妻にもさまざまにご指導頂き、深く感謝しております。香港映画祭でもお会いしたし釜山や他の国際映画祭にも御一緒しましたね。普段は福岡と東京に離れていますが映画のお喋りをすると距離を感じません。この本も出版社からの依頼に、即座に美山さんを思い浮かべました。書きたいのは映画だけでなく香港という活気に溢れていた街そのものの思い出と、何よりも尊敬する素晴らしい人たちについてです。美山さんなら、**ジェイコブ**始め**シルヴィア・チャン**も**レオン・カーフェイ**も御存知だし、香港映画に限らずアジア全般、韓国映画やインド映画にもお詳しいし。美山さんとのお喋りなら、映画の趣向や感想が違ってもお互いに楽しめようかと思います。脱線したり加熱し過ぎて止まらなくなったら、美山さんどうか手綱を引いてくださいな。

シュウ・ケイ（舒琪）

❖**林**　初めて会った香港人は、**シュウ・ケイ**かもしれません。あるいは1980年代に香港国際映画祭プログラマーだった方だったかも。シュウ・ケイが東京にいらしたのは87年だったかと。香港映画界で重要な人ですね。監督作品もあるし、プロデューサーでもあり、映画の学校で教鞭も取られて、インディペンデント作品を中心に香港映画を支えていらっしゃいます。台湾出身の有名な女優**スー・チー（舒淇）**は、香港の映画に出演した時シュウ・ケイと同じ名前だと混乱するので芸名を変えたというほど、存在感が大きな人です。

各地の国際映画祭でもお会いする機会がありましたが、監督された『**喝采の扉　虎度門**』がベルリン映画祭で上映された時には、「今回は今までと違って監督として御参加なのですね」って声をかけたほどでした。**フルーツ・チャン（陳果）**の『**メイド・イン・ホンコン**』でも冒頭に「シュウ・ケイ、プレゼンツ」って出てくるし、他の作品でもパブリシストというタイトルで数多く関わっていらっしゃいました。

確か返還後あたりの一時期は映画から離れて書籍業界に進出されて大きな書店を構え、世界で開催されるブックフェアにお出かけのこともありました。シュウ・ケイに限らず香港人は柔軟に仕事を変えますからね。その後は香港の映画学校で指導をなさっているので、若い世代の監督達はシュウ・ケイの弟子という人たちも多いです。

監督作品としての『喝采の扉 虎度門』は、見逃せない一本でしたね。**ジョセフィン・シャオ（簫芳芳）**が広東オペラの演者でもあり、母でも妻でもあるという忙しい女性として登場します。ごちゃごちゃとした毎日の生活の中で、小さな事がいくつも起こるのだけれど、人生は小さな事柄の積み重ねでできていて、その一つ一つこそがとても大事なのだとしみじみと教えてくれる映画で、大友良英さんが音楽をご担当でした。

❖美山
シュウ・ケイ監督とは、福岡に『**喝采の扉　虎度門**』を出品していただいたお礼を、香港で申し上げたくらいです。助監督は**フルーツ・チャン**なんですね。**ジョセフィン・シャオ**演じるサムは、楽屋では臭豆腐を食べながら準備するような庶民的な女性なんですが、一度舞台に立つと黄色い声援が飛んでくる男役の大スターです。

広東オペラは、大衆的な性質のせいか楽屋にファンがどっと押し寄せたり、車でサムを待つ夫にまでサインを求めたりと、香港のおばさまたちのパワーに笑ってしまいます。広東オペラの改革を目指すが故に新しいことをさせる若い監督に対して、同僚の俳優たちは不満をもちますが、サムは明るくて柔軟性があるので、みんなを上手になだめます。

英語をところどころにはさんでくる監督に、自分が英会話の練習で覚えたばかりの「不満はない、なんとかやれる」というフレーズを巧みに使って、セリフのちょっとした言葉遊びも楽しいです。そんな些細なこと、と言うときは「芝麻緑豆」と連発するのですが、つまり、粒の小さなゴマと緑豆を指す、広東語の面白いフレーズなんですよね。

英会話を勉強する理由は、夫がオーストラリアに移住を希望しているからで、ここにも返還前の香港の人々の揺れる心が描かれています。そのうえ、舞台監督は〝チャレンジ〟だと言って演出を変えようとし、伝統を守ってきた人たちにも新しい波が押し寄せ、いろいろな場面で何を捨てて何を取るかの選択を迫られます。それは、昔サムが幼い息子を他人に託して芸の道を選んだことに重なります。〝虎度門〟とは広東オペラで、舞台裏から一線を越えてステージに立つと、己を忘れて違う人物になる、という意味があるのだそうです。しかし、演じる舞台の上から客席にいる成長した息子を見て涙するサムの姿には心を打たれます。ジョセフィン・シャヤオのコメディエンヌとしての魅力と、舞台での本当に美しい姿を堪能できる作品ですね。

ウォン・アイリン（黄愛玲）

❖林　残念ながら彼女も3年程前に亡くなられましたが、第一回釜山国際映画祭で審査員を務められ、フィルメックスでも第四回目にようやく御参加頂けました。フランス留学経験もあって香港映画祭ではフランス映画の字幕を付けられてもいたし、香港国際映画祭のプログラマーをジェイコブの前にご担当なさった教養あふれる素敵な女性。返還前には広東語と英語を必修で学んで北京語ができる人も多かったけど、その上にフランス語。返還後は北京語が必修になって、香港人の語学習得への勤勉さにも敬服します。

私が最初に会った香港人って東京に仕事でいらした方々ですけど、映画祭のスタッフも含めてほとんどの人が物静かで、大声で喋ったりしない人たちでした。弾けている香港映画の世界とは違うイメージがありましたが、香港に行ってみたら音量の大きさたるや驚愕でした。人の声はもちろん、工事の音も、マージャンのジャラジャラする音もしょっちゅう聞こえてくるし、動植物園からはオラウータンの鳴き声が轟いてくるわ、車のクラクションも頻繁に鳴らされて。日本よりもボリュームのメモリが二つ三つ上にある感じでした。

実際行ってみないとわからないですね。香港ノワール作品では男たちがトレンチコートを着てクールに拳銃を構えていますが、住んでみると尋常ではない湿度で蒸し暑い。ウチのアパートには除湿機5台ありましたよ。カレーでもスープでもうっかり一晩台所に置きっぱなしにしたら、朝にはカビが生えてしまいます。11月から2月の間は過ごしやすいけれど、3月の香港映画祭が始まる頃は如実に蒸してくる。それなのにツルツルの床ばかりで滑りやすい。ピカピカとか、きらきらしたものが好まれますからね。

アイリンはここ20年近くは、香港フィルム・アーカイブに在籍していらっしゃいました。このアーカイブは香港国際映画祭でもクラシック上映の会場の一つで、地下鉄でよく行きましたが、香港島でも中心地から若干離れたサイワンホー（西湾河）にあって、新しく再開発された地域。おしゃれなカフェが海沿いにあって風が心地よいエリアですよね。

❖美山　**ウォン・アイリン**――まさしく物静かで、知的で、気配りのできる素敵な方でした。アジアフォーカス・福岡映画祭から上映作品の選定のため、ディレクターの佐藤忠男先生が毎年、香港映画祭に参加されていて、私も同行していましたが、あるとき福岡からのチームを彼女がランチ

電影資料館

に誘ってくださいました。香港では中国各地の料理が地元・広東料理をはじめいろいろ揃っていますけど、潮州料理なんかいかがでしょう?と、聞きなれない地方名に私たちは期待してついていきました。チムサーチョイ（尖沙咀）のスターフェリー乗り場前のビルにレストランがあり、大きなフロアに丸テーブルがずらりと広がっていました。お粥のような温かいデザートは覚えているのですが、食事は薄味で上品でとても美味しかったことしか記憶に残っていないんです。色で言うのも変ですけど全体的に白いイメージ。滞在中は朝から夜遅くまで作品を見続けて、食事もバランスが悪い――そんな私たちに胃にやさしくて栄養のある食事をふるまってくださったのも彼女の気遣い、やさしさかなと思います。

サイワンホー（西湾河）は、セントラル（中環）からだと東に地下鉄で9駅目。駅をすぐ出ると地元の人で賑わう市場があり、周りは高層マンションが多い住宅地です。フィルム・アーカイブはどうしてここに建てられたのか気になります。

クラシック作品の上映と展示が熱心にされていますね。私が行ったときは**ランラン・ショウ（邵逸夫）**の特集をやっていて、1日見ていたいくらい展示が充実していました。ランラン・ショウの**ショウ・ブラザーズ**、日港合作で知られる**キャセイ**、そしてクンフー映画や娯楽作品で大ヒットを量産していく**ゴールデン・ハーベスト**の作品も、ここフィルム・アーカイブで保存されて後世に残ることと思います。私は映画を観る時、製作会社のオープニングタイトルが出てくる瞬間にものすごく心が躍るんですが、なかでもダン、ダン、ダン、ダンという音楽とともに四角形のロゴが完成するゴールデン・ハーベストのオープニングに訳もなく興奮します。

余談ですが、香港島を東西に走る2階建ての路面電車・トラムも趣があって大好きです。2階の眺めのいい特等席でゆっくり景色を堪能するなら、サイワンホー（西湾河）からセントラル（中環）方面に戻るのもいいでしょう。料金は約35円と激安で、単純な路線なのでちょっとした移動にはとても便利です。映画の中でトラムが印象的に使われているシーンもありますよね。

❖林　トラムは急いでいなければ最高ですね。香港映画祭にいらしたドキュメンタリー映画監督の羽田澄子夫妻がトラムを大変お気に召されていたのを思い出します。ゆっくり走るから街や人の動きがよく見える。百年以上の歴史がありますものね。

香港映画クラシック。50〜60年代の**キャセイ・クラシック**と呼ばれる映画がその後の時代の香港映画と画期的に違うのは、女性が主人公で輝いていることではないでしょうか。北京語で創られたモノクロのドラマは、おしなべて裕福な家族が描かれている印象があります。使用人がいてシャンデリアが光る部屋が見えて、チャイナドレスを着た美しい女優達が歌ったり踊ったり。松竹大船調のような感じで、ほっこりとした喜劇ドラマが多いのでリラックスして楽しめる。この時代の香港映画も魅力的です。

個性の違う四人の娘と父親とが織りなす若干ドタバタのほんわかコメディ『**四千金**』、『**長腿姐姐**』そして『**マンボガール**』。**グレース・チャン（葛蘭）**始め女優たちも美しいですね。女性たちは決して男たちの添え物ではない形で輝いていました。歌ったり踊ったりする場面はあるのですが、ハリウッド・ミュージカルとは違って、ドラマ展開上のクライマックスとはあんまり関係なく自由闊達に歌って踊る場面が挿入されているように思えます。『長腿姐姐』の中ではワルツを踊りながら登場人物たちがアイコンタクトを相互にしてドラマを語る美しいシーンも観られましたけどね。『マンボガール』は、不思議な映画です。生みの親を探す女性が、該当する女性に会えるのだけれど母親ではないと言われ、何不自由なく育ててくれた育ての親の元へ帰るという、筋書きは大映の母ものか新派の舞台かという涙ものです。でもこの映画では全編を通して歌って踊って明るく弾けて、歌と踊りがストーリーを凌駕するので、楽しいドラマに見えますよね。歌と踊りに勢いがあってパワフルな映画でした。

ウォン・アイリンにもっといろいろと教えて頂きたかったです。クラシックに限らず新しい映画の感想も、もっと伺いたかった。美山さんは**チョウ・ユンファ**や**アンディ・ラウ（劉徳華）**、**ブルース・リー**以前の香港映画では、どんな作品がお好きでしょうか。

❖**美山**

私は、『**マンボガール**』と同年代に製作された『**同命鴛鴦**』や『**梁山伯と祝英台**』が気になる作品です。軽快でおしゃれな感じとは真逆の古装劇ですが、『同命鴛鴦』は科挙の試験を首席で卒業して故郷に戻った主人公が、申し分のない妻と結婚し前途洋々かと思った矢先に、ある事件が起きて、妻が罪を被って死罪を宣告される話です。題名は熟語で、夫婦は運命を共にするという意味なんですが、夫や家のために犠牲になる美談として楽しむもよし、あるいは私のように、こんな綺麗で完璧な奥さんを自分の出世や家のために犠牲にすることに腹を立てるもよし、です。

『梁山伯と祝英台』は1963年のリー・ハンシャン（李翰祥）監督の作品ですが、その4年前の『江山美人』には、まだ20代のキン・フー（胡金銓）監督が出演していて、香港映画の歴史を感じますね。

さて、『梁山伯と祝英台』ですが、もとは中国に伝わる人気の民間説話で、何度も繰り返し映画化されています。東晋の時代に、祝家の娘・英台がどうしても勉学を修めたいと、男装をして杭州の学校に入り、そこで気の合う梁山伯と知り合い義兄弟の契りを結びます。共に学んだ3年の間に梁山伯に恋をした英台は、家に戻され親の決めた相手に嫁ぐことになります。英台が女性だとわかり自分の気持ちに気がついた梁山伯でしたが時すでに遅く、結ばれない辛さから病で亡くなってしまいます。英台が花嫁衣裳を着て嫁いで行く道中で梁山伯のお墓に寄ると突然嵐となり、英台はお墓に吸い込まれ、やがてそこから二匹の蝶が天に舞っていくという物語です。実家へ戻る旅のお供をしてくれる梁山伯に、自分の気持ちを知ってもらおうと何度もヒントを出すのに、一向に気がつかない梁山伯にとてもイライラしてしまうほど、物語の世界にすっかり入り込んでしまいます。古典的な物語がどちらも女性で演じ歌う越劇スタイルで語られ、二人のはつらつとして楽しそうな様子は見ていてこちらも気持ちがいいですし、悲劇でも美しい終わり方が長く好まれている理由でしょう。

リー・チョクトー（李焯桃）

❖林　**チョクトー**って漢字だとあきらかという意味の焯と桃。本人は桃太郎とは違ってほっそりとクールな感じですが、彼は30年近くに亘って香港国際映画祭の主に非アジア作品を選定するプログラマーでいらして、現在はジャーナリストとしてご活躍です。彼はカンヌやベルリン映画祭でいつお会いしても、走っているのです。走る人。つまり次から次に映画をはしごするから移動時間を短縮すべく走る。凄い人です。そして人ともしっかり交流していらっしゃるバランスの取れた方。映画祭に参加しても他の人の意見だけ小耳にかじって映画を観ない人もいますが、彼は違います。

親しい人たちからは、「アートー」って呼ばれていますが、香港人のニックネームって何か決まりがあるのでしょうか。クリスチャンネームは洗礼して付きますね。あるいは幼い時に自分で選んだりする場合もあるそうですが。香港人で、ヴィヴィアン・リーとかピーター・パンとか本当にいますよね。名刺もらって思わずのけぞったことがあります。韓国人もクリスチャンが多いせいか、レイチェルとかガブリエルとか西欧風な名前の人がいますけど、韓国人同士では本名で通じているらしくて、ジーナが優秀でねーとか話しても誰のこと？って言われてしまったこともあります。対外国人への名前なのですね。

リー・チョクトーとは、台北映画祭で一緒に審査員をしました。台湾映画が長編劇映画、短編、長編ドキュメンタリー、アニメーション、と部門に分かれていて、対象作品は全部で30本以上。審査員は全部で7人。そのうち台湾の評論家が4人と、後はリー・チョクトーと、釜山国際映画祭のキム・ジソク氏でした。非アジア映画を普段選考しているリー・チョクトーが、どうして台北映画祭なのかなってふと思ったのですが、アジア担当の**ジェイコブ**に最初依頼があったのが、パートナーの**ユエンリン**の病気の事態に急遽交代されていたのでした。リー・チョクトーが凄いのは香港映画にも物凄く詳しいことです。ローカルの映画に精通していることは国際交流の肝心かなめですよね。心底尊敬しています。

❖**美山**

リー・チョクトーにお会いしたのはまず福岡で、すぐに食通でいらっしゃることが判明。香港映画には究極の料理がテーマのコメディがいくつかありますけど、リー・チョクトーも食の評論家風ですよね。香港ごはんのファンである私に美味しいお店を詳しく紙に書いてくださいました。その後、フィルメックスで審査員としていらしたときに再度ホスピタリティの担当をさせていただいて、ラーメンのお店情報をお伝えすると早足で出かけて行かれました。

「アートー」はおそらく「阿桃」ですね。「阿」は中国語全般で「〜くん」「〜ちゃん」にあたる愛称なので、「桃くん」と呼ばれていらっしゃるんですね。英語名については、英国統治の影響でつける人が多くなったのでしょうか。日本人がつけるとなるとものすごく違和感を覚えますが、われわれ東アジア人の名前は西欧人にとってわかりにくいので、ビジネスの世界では必要なのでしょう。**ジングル・マ**監督の名前を最初に聞いたときは、え?と思いました。それから、甥が香港に駐在しているときも突飛な名前をもつ香港人に毎回のけぞっていたそうです。キャット、ドルフィン。動物系ですね。ジーザス。えっ、大丈夫ですか、それつけて。極めつけがヒューマン。そのようにお見受けしますが。などなど面白いですね。

ジェイコブ・ウォン（王慶鏘）

❖林　長きに亘って香港国際映画祭のアジア作品のプログラマーを務められ、ロカルノやベルリン国際映画祭のコンサルタントでもあった方。肩書だとそうなのですが、長髪でひょろりとした仙人みたいな風貌の紳士。饒舌じゃないけど一言シニカルでシャープな言葉を発する人で、在住中も大変お世話になりました。最初に会ったのはもちろん返還前で**ウォン・アイリン**から、「今度彼に引き継

街を飾る香港映画祭のメインビジュアル

ぐけど彼はできる人だから大丈夫」、と太鼓判を押されて紹介された記憶があります。信頼できる人から紹介してもらった人に間違いはない。これは人生の鉄則です。アジアフォーカス・福岡映画祭でも毎年お会いしていたけど、美山さんも**ジェイコブ**とも縁が深いですよね。

香港映画の推薦作品のみならず中国映画も台湾の作品も、なんでも知っている。映画の好き嫌いは竹を割ったようにはっきりしているけど、ジェイコブ自身は中国語圏の映画関係者とのネットワークも幅広く、誰からも好かれる大事な人材です。でも熱血漢ではなくて体温が低そうなクールな表情で、服も白か黒しか身につけないお洒落へのこだわりもあって。滅茶苦茶ご多忙なクセに、「忙しいふりをしているだけだよ」って涼しい顔して言うのですよ、ジェイコブって。

香港映画を世界の映画祭に紹介するタスクをジェイコブは担っていらっしゃいました。**リー・チョクトー**もですが、まずは香港映画に詳しいから海外の関係者に頼りにされる。そして良い情報が世界から彼らにも届く。文化は一方通行では成り立ちません。情報はそれをどう解釈するかが重要だから、信頼できる人から受け取るのが一番です。国際交流は信頼関係が築けるかどうかが最大のポイントだとジェイコブを見ていると、常々思います。

インドの国際映画祭が厳密には最古かと思いますが、アジアで最長の歴史を持つ映画祭と言ってもいい香港国際映画祭から大いに刺激を受けました。アジア映画に興味ある人たちが世界から集まるという意味では釜山国際映画祭が今では最大ですが、釜山にはビジネスの人たちが密集し、香港映画祭は研究者たちもが集まって各自がマイペースでエンジョイできる感じがありますね。開催がイースター休暇と重なるから西欧人たちが参加しやすいのでしょう。大劇場の脇のスペースでこぢんまりとカクテル・タイムはありますが、釜山のように毎晩大規模なパーティーはなくて。だからかな、何度かジェイコブのご自宅にみんなで集まってのパーティーがありました。いえ、決してお城のような大きなお家とは言えないながら、何十人もがひしめくように立ったり座ったりして和気あいあいとお喋りして、物凄く楽しかった記憶があります。ジェイコブは消耗したと思うけど。香港国際映画祭の思い出は尽きません。またいつの日か行きたいな。

❖美山

ジェイコブの特徴の描写に思わず笑ってしまいます。私は近眼ですが、各地の映画祭で遠くにいるジェイコブを速攻で見つけてきました！　映画祭に関係なく、休暇で香港にいるときも偶然街で会ったことがありましたっけ。それから、たしかションワン（上環）の小さなオフィスに会いに行ったこともありました、全くなんの用もないのに。「休みで来たの？　何するの？」「食べに」「あ、やっぱり……」思い返すと恥ずかしいですが、ジェイコブは忘れてくれているでしょう。オフィスの近くのデボー通りにある羅富記という有名なお粥屋さんを教えてくれたような記憶があります。香港のお粥には魚のすり身団子や鶏肉など具の種類がたくさんあって、日本人には珍しいですよね。細長い揚げパン・油条をちぎってお粥に入れると独特の風味があって、これまた美味しいです。

そうそう、やっぱり香港映画祭はパーティーが少なかったんですね！　パーティーで交流することも大切ですけど、1日に最低4本は観るペースだと参加は端から無理です。ジェイコブのお宅へは、私も一度、林さんに連れて行っていただきました。パートナーの**ユエンリン**さんにお会いしたのは、そのとき一度限りです。イギリスの若い人たちがよく、共同で借りている家に人を呼んでパーティーを開くんですが、ジェイコブのお宅でも照明の暗いスペースに人がたくさんいて、お酒とおしゃべりを楽しむ感じが似ているなと思いました。ジェイコブの苦笑を誘う皮肉っぽいことばも、イギリス文化のサーカズムを思い起こすんですよね。

ウォン・ユエンリン（黄婉玲）

❖林

ユエンリンに最後に会ったのは、第一回アジアン・フィルム・アワードの授賞式でした。この賞のコンサルタントとして出席したのですが、それはゴージャスな集まりでアジア各国関係者のトップ達が集結し、前日にはリッツ・カールトンでの正装ディナーがあり、ワンチャイ（湾仔）のグランドハイアットに宿泊して、授賞式では**アンディ・ラウ**の熱いスピーチを拝み、私なんぞにはどうにも場違いな雰囲気でした。この時のアンディ・ラウ、「来年も再来年も、私はきっとここに、この場所に必ずやまたここにきて、みなさんのために、映画のために力を尽くし続けることを誓う！」って高らかに語っていました。あのテンションを持続できるのが大スターですね。第一線で何十年もいることの凄さを目の当たりにしたように思いました。

このセレモニーは香港国際映画祭と連携はしていたけど、数日前にずらして授賞式が開催されたので、映画祭の映画も見られずにちょっと残念だった記憶があります。バンドが入って『天空の城ラピュタ』のテーマ曲「君をのせて」を歌い上げるパフォーマンスもありましたが、この曲はユエンリンと一緒に耳にした最後の曲として私の人生に刻まれました。私が「すぐに帰国だからゆっくり会えないよ」って言ったら、彼女も「明日の朝早く、北京へ飛んでいくの」って。新聞にコラムを執筆されたり、舞台でコンテンポラリー・パフォーマンスを演出されたり幅広くご活躍でとにかく多忙な方でした。その後しばらくして、パートナーのジェイコブから、ユエンリンが病気で余命いくばくもないと知らされ、絶句。まだ50そこそこだったはずでした。快活でなおかつ細やかな気遣いのできる人。仙人みたいなジェイコブが夢中なのが傍から見ても納得のカップルでした。在住中にもなにやかやとお助けくださり、地元民が買い物する街市から美味しい飲茶のお店、漢方薬のお店にも連れて行ってくださって手とり足とりご指導頂き、息子が生まれた時にもいち早く病院へ青い色をベースにした豪華なお花を贈ってくださいました。ご恩は一生忘れません。

香港人は終身雇用で一つの会社に忠誠を誓うのではなく条件が良ければどんどん転職しますよね。住む場所も収入に応じて変わる人も多いし。ユエンリンが凄いのは香港映画祭の予算が厳しかった時に短期間ながらさっさと大企業へ就職したことがあって、「どうしたの」って聞いたら、「映画祭のスポンサー企業になる会社へ就職したのよ」って涼しい顔しておっしゃったのです。確かにその会社のロゴが映画祭のホームページに組み込まれていて驚嘆しました。凄いですよね、そういうことを瞬時に実現してしまうって。フィルメックスにもご参加くださったし、ロカルノやベルリン映画祭でお会いしたこともありました。

私が東京に戻ってからも**ジェイコブ**の東京出張には必ず香港の高級なお茶をお土産に持たせてくださって。映画業界のド真ん中の人ではなくとも、映画界に知り合いも多い方でした。会うたびにヘアースタイルが変わるほどお洒落で、早口で、姉御肌という言葉がぴったりで。それでも頭痛に一番効果があるのはエスプレッソ・コーヒーにレモン汁を混ぜたものって教えてくれたから、表から見たら明るくて派手なイメージでも、繊細で人知れずストレスと闘っていらっしゃったのかもしれません。生き急いでしまわれたのか、本当に残念でなりません。

❖美山

林さんがひとつひとつの思い出を大切にされていて、**ユエンリン**さんはきっと喜んでいらっしゃいますよ。もっとお会いしてお話ししてみたかったです、すごく馬が合うような気がします。

エスプレッソ・コーヒーにレモン汁で思い出しましたが、香港には不思議な飲み物も多いですよね。温かいコーラにレモンを入れると風邪に良いとか、ほかに特徴的なものとして鴛鴦茶（ユンヨンチャ）もありますね。『**同命鴛鴦**』のお話はしましたが、鴛鴦とはオシドリのことで、ふたつでひとつのような意味から、このお茶はまさかの紅茶とコーヒーが一緒に入ったものなんですよね。

これにコンデンスミルクも加えて甘いミルクコーヒー紅茶のでき上がり。面白ドリンクは昔ながらの喫茶店や茶餐廳（チャーチャンテン）と呼ばれるB級軽食レストランでは普通のメニューです。

茶餐廳の朝は、例えば麺料理にトースト、卵そして鴛鴦茶といった不思議な組み合わせの安価なセットが並び、午後用のセットもあれば、ほかのメニューもやたら多くて、夜遅くまで賑わっています。概してツルツルした背もたれ付きの椅子に幅の狭いテーブルがボックス席のように連なっていて、なんだかせせこましいんです。混み合う時間はもちろん相席ですし、英語が通じなさそうな、あるいは実際に通じない、愛想ゼロで注文を取るおじさんがうろうろ歩き回る。映画の中では黒社会の皆さんが集う場所として使われていることがすごく多いんですが、実際は違うと信じて使いたいものですね。香港人のオアシス的存在である茶餐廳を極めたいと思っています。

鴛鴦茶は、好き嫌いはあると思います。飲んでいてコーヒーの味もすれば紅茶の味もする。個人的には大好きで、粉末タイプのインスタントを香港から必ず買って帰るほどです。夫婦仲の良い例から名づけられたお茶。ユエンリンさんと**ジェイコブ**の素敵なカップルのお話と一緒に話すことができてうれしいです。

❖林

ユエンリンは子供には刺激が必要と、息子と一緒に散歩に連れ出してくれたこともありました。

高層ビルが立ち並び過密都市という印象のある香港ですが、中心部にも幾つかの公園があります。香港動植物公園にはフラミンゴ、ジャガーやオラウータンもいて毎日正午頃には餌を求める声が大きく響いていました。空高くには大きなトンビが舞っていて、その雄姿は東京の鳩、カモメやカラスとは違うダイナミックさでした。

そんな中でも忘れられないのが、首から上が黒い白鳥です。ユエンリンとも一緒に見たけど、彼女と行く前からその白鳥には出会っていたように思います。いつもつがいで泳いでいるのを私はそれだけを見るために何度もそこへ足を運んだものでしたから。今はもういないのかしら。この白鳥がいたのは香港公園という香港動植物公園とは別の公園で、アドミラルティ（金鐘）から長いエスカレーターを上がったところにあります。婚礼申込書の施設もあるのでウエディング姿のカップルが写真を撮っている姿をよく見かけました。少し奥の辺りに小さな池があって、そこに首から上が真っ黒で体は白い白鳥がいたのです。

今こそ検索すれば、黒襟白鳥という名前や南米に生息しているとか情報が得られますが、私は白鳥かあるいは黒鳥は知っていたけど、二色に分かれている白鳥を初めて見て、世の中にこんな鳥がいるのかと心底驚きました。いえ、特段に香港の一国二制度を象徴しているとかそんな理由ではなくて、単なる鮮明な感動。特撮やCG、アニメーションには見慣れているのですが、実物の力って凄いものですね。私って映画ばかりみているせいか、実物との直接遭遇には案外弱い気質があるのかもしれません。

『**欲望の翼**』で、ヨディ（**レスリー・チャン**）が「脚のない鳥がいるそうだ。飛び続けて疲れたら風の中で眠り、一生に一度だけ地上に降りる。それが脚のない鳥の最期の時だ」と、テネシー・ウイリアムズの「地獄のオルフェウス」からの一節を呟きました。鳥と人。自由や平和の象徴としても芸術作品には頻繁に登場する鳥。あの二羽の黒襟白鳥が、彼らの生涯を謳歌していましたように。

第２章　武俠映画からコメディ映画まで

ジャンルごと、そして白眉の人たちについて

ビクトリア・ハーバーとブルース・リー像

武俠映画

❖美山

香港の武俠映画といえば**キン・フー（胡金銓）**監督ですね。ワイヤーを使ったアクションはもちろん、絵巻物を解くような堂々としたオープニングタイトルに、中国絵画を思わせる詩情豊かな風景、全てにスケールの大きさを感じます。劇場のシネスコ画面の映像に、当時の人たちは大興奮だったでしょうね。近年、デジタル修復もされて改めて鑑賞する機会もあるようです。役者さんたちは、**シー・チュン（石雋）**、**パイ・イン（白鷹）**、**ティエン・ファン（田豊）**、**ウー・ミンサイ（呉明才）**など主役・脇役ともに常連の方たちが多いのも特徴です。ちょっとだけ出ている**サモ・ハン（洪金寶）**を探すのも楽しいかもしれません。

香港国際映画祭で回顧上映があった際に、ゲストとして主役のシー・チュンさんがいらして舞台挨拶や質疑応答をされました。年を重ねられたシー・チュンさんは穏やかな笑顔でサインに応じてくれました。北京語のほうがいいのかなと思い、「謝謝您」と尊敬を込めた二人称を使うと、「あなたはちゃんと丁寧なことばを使ってくれましたね」とおっしゃってくださいました。

アン・リー（李安）監督の『**グリーン・デスティニー**』で竹林を飛ぶシーンを見て、キン・フーだ！　とニヤリとした映画ファンも多かったことでしょう。キン・フー監督の影響を受けた監督や俳優は数知れず。

『**侠女**』はカンヌで賞を取っていますが、林さんは欧米の映画人がキン・フーをどのように評価しているか、聞かれたことはありますか。〝香港の黒澤明〟と呼ばれているように、同じような作風に見られているのでしょうか。

❖林

武侠映画って、いわゆる時代劇のジャンルですよね。幽霊が出てくるのは四谷怪談など日本でもありますけど武侠映画が日本の時代劇と違うのは、主人公が超人的な力を持っていたり空を飛ぶような剣劇が楽しめることでしょうか。精神世界でも独特な生き様が見られて、アクション映画と一言では括れない奥深いものがあります。ホウ・シャオシェン（侯孝賢）監督にも『**黒衣の刺客**』があるし、アン・リー監督には『グリーン・デスティニー』が、そしてチャン・イーモウ（張芸謀）監督には『HERO』『**LOVERS**』がありますが、やはりキン・フー監督作品。

『**大酔侠**』の**チェン・ペイペイ（鄭佩佩）**は若くて美しく、彼女の動きは〈エレガント〉の一言に尽きます。彼女はクラシックバレエの下地があったから、手の先から足の先までの華麗で優雅な動きの美しさに納得です。

『俠女』にもサモ・ハン（洪金寶）が出ていましたね。**サモ・ハン**特集をしたら香港映画の歴史が見えるくらい彼の存在は大きいな。『俠女』がカンヌで受賞したのはフランス映画高等技術委員会賞。テクニカル面が高く評価されたのだと思います。複雑なストーリーではなくて、活劇の部分に時間を割いて存分に味わえるように作られていますが、何度も繰り返して観たくなる秘密は、編集の細やかさが際立つそのカット割りにもありますね。

映画のトリックを最大限に活用している剣劇。60年から70年代にかけて評価の高い**キン・フー**作品ですが、女性が大活躍する作品を撮られていたのも凄いし。

加えて〈音〉の魅力。剣がぶつかる音やさまざまな効果音とともに、京劇の音楽がエレガントな舞をより一層美しく見せてくれています。

❖美山

おっしゃる通り、剣のぶつかり合う音も**キン・フー**作品の特徴ですね。音と同様に、立ち回りの速度が意外と遅いところがリアルに感じますけど、時々超人的にザパッ、ザパッと飛び回る非現実的さがそこに混ざって、絶妙なアクションシーンが作り上げられています。飛ぶときの音は衣が揺れる音でしょうか。

『大酔侠』もとてもわかりやすい勧善懲悪の物語で、〝酔猫〟という芸人風の男がじつは武術の達人で、勇ましくも美しい**チェン・ペイペイ**を最初は姿を隠して助けてあげるところがいいですね。また、物語の進行に歌を使っていて、古典的な雰囲気が楽しめます。舞台のひとつが宿屋ですけど、**『残酷ドラゴン　血斗竜門の宿』**も同様に、中国の宿屋ってアクションを見せやすい造りだと思います。一階の大きなフロアは食事処で、吹き抜けのロの字状になっていて、階段を上がると、ぐるりと手すりが回っているので、見下ろすと一階がステージのように見える。**ジョニー・トー（杜琪峰）**監督の**『エグザイル／絆』**のクライマックスも、現代のホテルでも同じ構造で、しかしこちらは銃撃戦でしたが、圧巻のシーンでした。

ほかに武侠映画で面白かったものはありますか。

❖林

『風雲　ストームライダーズ』のアンドリュー・ラウ**（劉偉強）**監督は、『イン

『大酔侠』
Blu-ray: 2,838 円＋税／ DVD: 1,429 円＋税
発売元：ツイン
販売元：NBC ユニバーサル・エンターテイメント
*2021 年 3 月の情報です。

ファナル・アフェア』シリーズや、遡ると『欲望の街、古惑仔』の監督でもあり、撮影監督としての活躍も目覚ましくてクリストファー・ドイルとともに『恋する惑星』でもクレジットされていますよね。『風雲 ストームライダーズ』は武術映画というのか、武侠映画の系譜に位置する見逃せない作品だと思いますが、漫画を原作にした劇画チックな感じが上手く活かされています。

風がイーキン・チェン（鄭伊健）、雲がアーロン・クォック（郭富城）、そして二人の師匠が千葉真一さんという豪華キャスト。原作ファンもそうでない人も両方満足させた貴重な作品ではないでしょうか。竹林での闘いの場面もあってキン・フーへのオマージュも感じられますが、ロケとCGとワイヤーアクションを緻密に合わせてありました。四川省にある大きな山楽大仏も舞台の一つですが、これは見事なCG処理。アクション大作って往々にして人物描写は大雑把になりがちですが、イーキン・チェンとスー・チー（舒淇）がそれぞれにキョロキョロと目だけを動かす場面など心情描写の繊細さにも息をのみました。千葉真一さんが「人とは自分のために利用するもの」と言い放つシーンは貫録十分で、素晴らしいなと思います。

大仏で思い出したのが、ランタオ島にあるポーリン（寶蓮）寺。香港で最大の大仏があります。一緒にと中華系ジャーナリストに誘われて行ってみたら、仰天の巨大さ。来てしまった自分がなんだか場違いに思えてしまいました。信心がないからでしょうか。

椎茸やタケノコなどを薄味に煮込んだ精進料理が、流れ作業的に提供されるわりには美味しかったです。そして念仏がエンドレスに繰り返される小型ラジオ風の機械がお土産にもらえて、それはスイッチを押すとお寺で流れていたお経が流れ続けるのです。夢に出てきそうな音色でした。『風雲 ストームライダーズ』に限らず、香港人の宗教感、神や仏のとらえ方を摑めたら映画の深い理解にもつながろうかと。武俠映画に限らずお札を貼るとぴたりと止まるキョンシー達も含めて一層楽しめようかと思います。

❖美山

武術の原点が少林寺にあることからも、武俠・クンフー映画ともにお寺が舞台になることが多いです。**キン・フー**作品には、悪いお坊さんも出てくれば、神々しいお坊様も出てきます。お寺の規模がとにかく大きいので、舞台として十分成り立つし、壮大な映像にもなります。

そういえば香港のお寺って、三角柱のグルグル巻きのお線香がたくさん下がっていて、初めて見ると驚きますよね。

『ワンス・アポン・ア・タイム・イン・チャイナ 天地黎明』は、清朝末期に実在した医師であり洪家拳の武術家・ウォン・フェイホン（黄飛鴻）の物語で、**ジェット・リー（李連杰）**のアクションが炸裂しますが、**『ドランク・モンキー 酔拳』**で**ジャッキー・チェン**が演じたのもこの御方なんです。クンフー映画でまた触れますが、武術指導・監督として欠かせないラウ・カーリョン（劉家良）や、アクション俳優のゴードン・リュー（劉家輝）はウォン・フェイホンの直系の弟子にあたるそうで、武術と映画の関わりの深さに唸ります。

それから、『男たちの挽歌』のティ・ロン（狄龍）と、悪役でお馴染みのロー・リエ（羅烈）主演の『マジック・ブレード』も面白いですよ。有名な武侠小説が原作で、次から次に個性的な刺客が現れてはティ・ロンが倒していきますが、当時、大真面目に作っていたらごめんなさい、なんですけど、人間将棋やら謎の人文字やら全編ツッコミどころ満載、衝撃的です。武侠映画ってこういうのもありなんだなって、変化球が好きな方にはお勧めです。

クンフー（功夫）映画

❖林

『少林寺』『阿羅漢』も楽しみましたけど、自分では格闘技もしないし、スペクタクルとしては凄いなあとは思いますがマニアックに追いかけられてはいません。

私がクンフー映画を観ていて幸せだなと実感したのは、まだ幼かった息子を『少林サッカー』に連れて行ったら全編中息子が他の観客達と一緒に、大爆笑していた時でした。我が息子をこんなに笑わせてくれて、なんとまあ素晴らしいと大感激しましたよ。香港映画ならではのクンフー映画の魅力ってありますか？　やっぱり**ジェット・リー**とか**チャウ・シンチー**（**周星馳**）とか主演スターが大きな要でしょうか。コミカルな要素も重要ですよね。

❖**美山**　一般的に〝カンフー〟という英語読みから来た表記のほうが、馴染みがあると思いますが、ここでは広東語の音に近い〝クンフー〟でいきましょう。

『カンフーハッスル』
デジタル配信中
Blu-ray 2,619 円（税込）／ DVD 1,551 円（税込）
発売・販売元：ソニー・ピクチャーズエンタテインメント
「※ 2021 年 3 月時点の情報」

親子で観て笑った映画は一生の思い出になりますね。**チャウ・シンチー**は脚本・監督・主演をこなすマルチな方ですが、ファンの年齢層も幅広いです。『**少林サッカー**』は後ほど触れるとして、まずは『**カンフーハッスル**』。これも全編大笑いしました。街をトラムが走っていたので、てっきり香港が舞台かと思ったら1930年代の上海でした。当時の上海も無軌道電車が走っていましたからね。人々の生活や街の様子のセットを見るのも楽しいです。香港のドラッグストアに必ずあるレトロな瓶に入った白花油の大きな看板も出てきます。頭痛、肩こり、乗り物酔い、と何にでも効く万能オイルですが、この三文字を見ただけでツーンとした香りがしてきます。近所の普通のおじさん、おばさんがじつはさまざまな拳法の達人なんですから面白くないわけがない。音楽も基本はコテコテのせわしい中華音楽ですが、ツィゴイネルワイゼンが使われているのもインパクトがあって笑いました。そんな中、チャップリンの『街の灯』を思わせるような女性との再会もあって、緩急上手に描いています。

『カンフーハッスル』の動作・武術指導は、**サモ・ハン**です。香港のクンフー映画は武術指導が誰なのかをクレジットで見るのも楽しみなんですよね。本来武術家の皆さんが、指導・振り付けに始まって出演そして監督までキャリアを伸ばす人もいます。

余談ですが、エンドロールのクレジットで〝茶水〟という文字が出てくるのをご存じですか。出演者やスタッフに、休憩に入るとそれぞれの好みのドリンクや食事を絶妙のタイミングで出すスタッフさんです。2018年の香港電影金像奨で専門貢献賞をベテランの茶水さんが受賞されて話題になったそうです。

さて、陰で支えているスタッフも大切ですが、クンフー映画はやっぱり誰が主演なのかが注目ですよね。ここでは、**ジミー・ウォング（王羽）**と**ゴードン・リュー（劉家輝）**の二人を挙げてみます。

▼クンフー映画のヒーローたち

〝片腕ヒーロー〟として一世を風靡した**ジミー・ウォング**。

その始まりは1967年の**チャン・チェ（張徹）**監督の『**片腕必殺剣**』でした。クンフーでなく剣術なので、武侠映画というべきかもしれませんが、主人公はあっという間の事故で（とは言っても、まさかそんなという出来事なんですが）右腕を失い、農家の娘に助けられます。武術家だった彼女の父が遺した秘伝書をもとに片腕で闘う術を身につけ、自分を育ててくれた師匠率いる金刀派の滅亡を企てる強敵に立ち向かう物語です。ジミー・ウォングは孤独な優しい青年といった面持ちですが、ハンデを負いながら毅然と立ち向かう姿が、人々の心を捉えたのでしょう。

セットですが雪のシーンが印象的で、その後ジミー・ウォング自身が脚本・監督・主演を務めた『**吼えろ！ドラゴン　起て！ジャガー**』でも雪が効果的に使われています。片腕シリーズは、これも自身の脚本・監督・主演の『**片腕ドラゴン**』に発展し、『**片腕カンフー対空とぶギロチン**』に至ってはカルト映画としてファンに愛されているとか。強烈なタイトルにも、海外から集まった胡散臭い武術家たちにも、笑えます。インドから来た手が伸びるヨガ拳法って何なんでしょう。ここでのジミー・ウォングの敵は、やたらギロチンを飛ばして人を殺す怪僧なんですが、これをタランティーノ監督が気に入って、『キル・ビル』で使ったそうです。

ゴードン・リュー（別名**リュー・チャーフィー**）は、その『キル・ビル』に出演していますけど、これまたタランティーノ監督が『**少林寺三十六房**』をお気に入りだったからだそうです。親の仇そして正義のために、学問を志していた青年が強くなりたいと少林寺で修行を積む物語。平衡感覚、目の動き、拳、刀など、ひとつの房をクリアすると次に進むシステムで、ゴードン・リューががむしゃらに取り組む姿が清々しくて、各房での修行が実戦で見事に活かされるのも見ごたえがあります。僧の中に『**ドランクモンキー　酔拳**』の老師匠**ユエン・シャオティエン**（**袁小田**）がいて、得した気分にさせてくれます。

もう一作品、これも監督はラウ・カーリョンですが、『**少林寺秘棍房**』でもゴードン・リューのひたむきで鬼気迫る演技が目を引きます。当時、彼と並んでショウ・ブラザーズのトップ俳優だった**アレクサンダー・フー・シェン**（**傅聲**）との初共演で注目されていましたが、撮影中にフー・シェンが事故で他界し、そこから脚本を直して妹役の**ベティ・ウェイ**（**恵英紅**）が後半の立ち回りをスタントなしで務めたそうです。そういう背景を知ると胸に訴える場面の納得がいきます。

前述の**ウォン・フェイホン**と同様に実在の人物からクンフーの奥深さを知ることもできます。近年、映画化されている詠春拳の**イップ・マン（葉問）**。**ブルース・リー（李小龍）**が少年期に入門したことでも有名ですが、普段は木人椿に向かって黙々と修練し、物静かで穏やかな佇まいの師匠がひとたび敵に向かうとめっぽう強い！

ドニー・イェン（甄子丹）主演のシリーズも好きですが、別のシリーズ『**イップ・マン　誕生**』もお勧めです。イップ・マンが11歳で武館に住み込みで入門するところから始まります。師匠はサモ・ハン、兄弟子に**ユン・ピョウ（元彪）**。物を〝心で見る〟ことが大切だと、二人が目隠しをして手合わせをするところは見ものです。イップ・マンが香港留学中に訪れた漢方薬の店にいるシブいお爺さんは、**イップ・チュン（葉準）**氏。イップ・マンの実の息子です。ここで若き日の自分の父と手合わせすることになるんですが、素晴らしいクンフーを見せてくれて、イップ・マンが実在したことが改めて感じられます。

しかし、イップ・マンの人生の物語はクンフーだけでなく、愛する妻のことや日中戦争で大変な苦労をしたことなくしては語れません。イップ・マンが最初に詠春拳を教えたチムサーチョイ（尖沙咀）や住居があったモンコック（旺角）は歩き慣れた街なので、彼の生きた時代に想いを馳せて街を眺めてみるといつもとは違う景色が見えるかもしれません。

ブルース・リー（李小龍）

❖林
1940年サンフランシスコ生まれ。32歳で亡くなっているので、1970年代前半までしか生存していなかったのに物凄い影響力。もし**ブルース・リー**が今もいらしたら果たして何に対して怒り、何を相手に闘うかしらと思いを巡らせてしまいます。若い人たちには、『キル・ビル』は観ているけどブルース・リーの映画は観たことない人もいらっしゃるかも。**『死亡遊戯』**の黄色い衣装は、『キル・ビル』に受け継がれていましたね。クエンティン・タランティーノ監督の『ワンス・アポン・ア・タイム・イン・ハリウッド』は1969年の夏が舞台で、現実と虚構と希望とが絶妙なバランスで入り混じり見ごたえある作品でしたが、この映画の中にロマン・ポランスキーやスティーブ・マックィーンらとともにブルース・リーも出てきました。ちょっとチャラい感じで描かれていることに批判的なファンの声もあったようでしたが、美山さんはどう受け止められたでしょうか。

1970年代の頃、小学生男子の多くは、ブルース・リーの所作を真似て、怪鳥音と呼ばれる〈アチョー〉という声を出してポーズを取っていましたっけ。亡くなってからも関連のある映画が

『燃えよドラゴン』

創られて、まさしく伝説の人。ブルース・リーの後、**ジャッキー・チェン**がどのように自らの活路を見出したか、またその他のアクションスター達がどうマーシャル・アーツ作品を生み出したのか。その歴史を考えるうえでもブルース・リーの存在は重要ですね。もちろんブルース・リー作品もそれ以前の武侠映画から繋がって在るわけですが。

今だったら何に対して怒り闘うかしらと言いましたが、ブルース・リーはそもそもどうして闘わなくてはならないのか。

死闘場面が見せ場になりますが、ブルース・リーの闘い方は、格闘技の知識に乏しい私にはユニークに見えます。何か特別な流派や流儀があるというふうには見えず、むしろキックボクシングのようでもあるし空手みたいでもあるし、さまざまに挑戦している闘い方に見える。それこそがジークンドーという彼が編み出した流儀なのですね。一瞬の最短最小限の動きで倒すパフォーマンス。圧倒的な存在感と強さを見せつけます。

ブルース・リーに冒頭からラストまで超人的な凄さを見せるための演出にさまざまな工夫が凝らされていますね。まずは服装。どの映画も彼だけは違う姿です。『燃えよドラゴン』で武術トーナメントに出場するために我こそはという格闘家達が集合する島で、彼だけが他の出場者とは違う衣装。だから目立つ。他の作品でも彼だけ違うので、抜きん出て目立ちます。加えて闘いの場面になると上半身裸になって筋肉が画面に映ります。計算されていると思います。敵の刃物で傷つけられたら血が出るのが観客によく見えるようにもなりますし。

相手は欧米人や日本人、凄く背の高い人の場合もあれば真剣をふりかざされもして、闘うに際してのルールがあったのは、『ドラゴンへの道』の死闘場面だけではなかったでしょうか。あのラストの設定はローマのコロッセオ（円形競技場）で他に誰も入ってはならない中、二人の死闘を観ているのは猫二匹だけでした。

私は『ドラゴンへの道』の死闘場面前のウォーミングアップの所に最も興奮しました。闘う前の準備段階でブルース・リーは既に勝っているように見えます。それともう一カ所、『燃えよドラゴン』で暗闇の中を一人偵察する静かな場面も凄いです。この場面の彼の動き、身のこなし方は本当にカッコいい。

『ドラゴンへの道』

どの作品もどうして彼が相手を倒さねばならないのかを観る側に教えてくれる筋書きですね。『**ドラゴン怒りの鉄拳**』では母と約束したから闘ってはいけないという導入部から始まるし、『ドラゴンへの道』もローマという不慣れな土地で最初は右も左もわからない。暴力を暴力で制することに意味があるのかという根本的な問いかけにも、少なからず映画の中で彼は悩みあぐね、しかしながら仲間を皆殺しにされたり、もうどうにも許せない、もはや闘うしかないという展開の末に、ラストの闘いが爆発します。

やっぱりブルース・リーが人気なのは、カッコよくて相手に隙を与えない静かな佇まいに彼の哲学を感じ取れるからでしょう。『燃えよドラゴン』の中の有名な、〈Don't think, feel ＝考えるな、感じろ〉は、いつまでも生き続ける言葉ですね。今、ブルース・リーが生きていたら、何をどのように感じるのでしょうか。

❖美山

早世のスターには、残された数本の作品のなかでしか会えませんし、ゆかりのものや場所を通して偲ぶしかありません。

現在はリニューアルしたようですが、ビクトリア・ハーバーを見渡せるウォーターフロントには〝**アベニュー・オブ・スターズ**〟と呼ばれる香港映画人のブロンズ像や手形を屋外展示する観光名所があり、もちろん**ブルースの像**のところはいつも写真を撮る人でいっぱいです。

それから、郊外のシャティン（沙田）にある香港文化博物館では、2013年からブルース・リー展「武・芸・人生─李小龍」を行なっていますが、建物の外には、空に足を蹴り上げるブルースの大きな像が建てられています。この年になってもTシャツや時計などの関連グッズを買っては喜んでいますが、彼の舞うクンフー作品を楽しむだけでなく、その奥にある哲学や精神性を学べたことに大きな意味を感じています。

クンフー・スターとしては寡作だけにインパクトも強く、その影を追って関連の作品が作られたり、オマージュとして多くの作品で扱われますよね。『**カンフーハッスル**』のおばちゃんが技を決めた後に鼻を触る決めポーズもそうです。『ワンス・アポン・ア・タイム・イン・ハリウッド』のブルースは、自信過剰で横柄な感じだったので、ファンとしては複雑な気持ちになりましたが、アジア人として胸を張ることは彼にとって重要だったので、ああいう姿に見えた人たちがいても納得できる気がします。そういえば、香港に続いて行なわれたシアトルでの葬儀では、スティーブ・マックィーンも棺を担いだそうです。

ブルース・リー展

〝拳を截ち切りながら〟瞬時の一撃で相手を倒す戦法は、それまでの長い立ち回りを見せるクンフー映画にとって大変な衝撃だったそうです。私が特に好きなのは『ドラゴンへの道』で、製作・脚本・監督そしてもちろん武術指導もしていて、思い切り自分のやりたいことをやれた作品に思えます。コロッセオでの約9分間のチャック・ノリスとの対決のための詳細な動作を書き込んだ字コンテが残されていますが、結果、映画史に残る格闘名場面になりました。

ブルースの発したセリフや言葉は後世に残り、影響を与え続けます。私が好きなのは「水になれ」の一節です。水は形がない故にどんな形にもなれる。これは截拳道（ジークンドー）の教えである柔軟性であり、それを過ぎれば無の境地に進めるというもの。『ドラゴンへの道』の格闘シーンも、無の姿がそこにあると思いませんか。

人種問題を考えさせる**『ドラゴン怒りの鉄拳』**の敵役は日本人で、中には突飛な表現もありますが、私の母によると昔の上海の公園には本当に〝中国人と犬、入るべからず〟という意味に取れるような注意文があったそうです。しかし、ハリウッドではアジア人全体が相手にされず、ブルースは苦しみます。

香港文化博物館のブルース・リー展で目を引いたのは、ブルースが彼自身に宛てた自筆の決意書でした。〝最高のパフォーマンスで、米国で最もギャラの高い東洋人スターになり、世界にも進出する〟と固い誓いが、綺麗な筆記体で書かれていました。１９７３年7月、『燃えよドラゴン』がアメリカでの大成功を見るほんの少し前に逝ってしまうなんて……。しかし、東洋人としての自分を強く意識しながらも、アメリカでは人種隔てなく截拳道を教え、インタビューで自分は中国人でもアメリカ人でもない一人の人間であり、「天のもと人類はひとつの家族だ」と答えています。今の自国さえよければといった世界情勢に、生きていたら、重いひと言を与えてくれそうです。

サモ・ハン・キンポー（洪金寶）

❖林

サモ・ハンの手形

日本では**サモ・ハン・キンポー**という名前で有名ですが、1998年のハリウッド進出以来、**サモ・ハン**という名義でご活躍だそうですね。香港映画にとてつもなく重要な人材。童顔で親しみやすい顔つきですが、動きはとってもシャープで、凄い。『**五福星**』では**ジャッキー・チェン**、**ユン・ピョウ（元彪）**も出演ですが実質的にはサモ・ハン・キンポーが主役で監督でもある。この続編の『**大福星**』は日本ロケ。いきなり都営新宿線の新宿駅ホームから始まって、カーチェイス後には富士急ハイランドへ舞台が飛びます。アクションとコメディとのさじ加減が絶妙で抱腹絶倒でした。『**七福星**』はタイロケで、脱力してしまうほどにより一層コメディの要素が高まっていました。『**燃えよドラゴン**』では冒頭で**ブルース・リー**との一騎打ちのシーンがありますし、『**侠女**』でも見られるし、枚挙にいとまがない大活躍の人。

『**燃えよデブゴン**』がシリーズとして日本で紹介されていたのは戦略で、実際には個別作品、つまりデブゴン・シリーズはフェイク・シリーズなのですよね。とにもかくにもサモ・ハンの映画を日本でたくさんの人が観るためだったのでしょうから、文句はありませんが。

英語のタイトルは『**Enter the Fat Dragon**』だから、『燃えよドラゴン』をモジって『燃えよデブゴン』というタイトルだけれど、話の内容はレストランへの嫌がらせを阻止するために活躍する展開だから、『**ドラゴンへの道**』のオマージュとも取れます。他のブルース・リー作品にも絡むエピソードが取り入れられて、ブルース・リーへの愛がいっぱい詰まっている心温まる映画でした。

2016年にイタリアのウディネ、ファーイースト映画祭で生涯功労賞（ライフ・レジェンド・マルベリー賞）を受賞されていました。監督や俳優としての活躍はもちろん、映画の武術指導で、『**イップ・マン**』はもちろん、**ウォン・カーウァイ**の『**楽園の瑕**』も、**チャウ・シンチー**の『**カンフーハッスル**』も、数多くご担当されている。タイトルクレジットに名前が出てくると太鼓判を

『燃えよデブゴン』

押されているような気持ちになります。加えて『霊幻道士』のプロデューサーでもいらっしゃる。なんとマルチなタレントでしょうか。本当に凄いです。

どたばたコメディの中でも案外真面目な場面もあって、剣や武道についての教えを示したりもしていますね。『拳師』はサモ・ハンが武術学校の師で、修行にいそしむ子供たちが中心の映画ですが、その中で「武術は芸術だ。攻撃する手段ではない」「武術とは格闘技における芸術だ」「個性と感情を表現する芸術なのだ」「勝敗は無意味」「武術を選んだ者には一生のライバルがいる、それは自分だ」という言葉があります。武術を学ぶ世界の子供たちに向かって教えを説いているサモ・ハン、カッコいいのです。

❖**美山**　**サモ・ハン**、カッコいいですよね。そして可愛い。愛称は〝**大大哥**〟（**タイタイコー**）、大兄貴の意味です。このルックスとキャリアですから、それはもう慕われ、尊敬されていることでしょう。昔はコミカルなイメージでしたが、年を重ねてそれこそ師匠役となると本当に様になっていて、キャーってなります。悪役だと、どうしても憎めないので説得力に欠けてしまいますけど。でもやっぱり一番の魅力は、この体型でキレキレのクンフーを見せてくれる意外性です。

『**五福星**』の冒頭で、お金持ちの家を狙う泥棒の役で登場しますが、真っ暗な家に押し入ると「サプラーイズ！」と電気がついて、パーティーの主役に間違えられる、そんなコミカルで情けないキャラクターは十八番ですよね。

サモ・ハンのホラー三部作のひとつ『**霊幻師弟／人嚇人**』は、幽霊となった親友がサモ・ハンに乗り移る話で、サモ・ハンは別人格を演じるだけでなく、葬儀場の人形のふりをしたり（バレバレなんですが）、見事なクンフーを見せてくれたり、本当に多才です。ここには**ラム・チェンイン**（**林正英**）が道士役ですでに出ていて、『**霊幻道士**』の製作へと続いていったようです。

『**燃えよデブゴン　豚だカップル拳**』は日本ではシリーズの6番目に数えられていますが、原題『**搏命單刀奪命搶**』にあるように刀と槍の達人の物語をコミカルに描いています。この作品、なかなか凝っていて、年老いた刀の達人（サモ・ハン）と槍の達人（**ラウ・カーウィン　劉家榮**）は、毎年どちらが優れているか一戦交えるもどうにも勝負がつかず、お互いに弟子を取って育ててから勝負させようと約束。その弟子役はといえば、今度は刀側をラウ・カーウィンが、槍側をサモ・ハンが演じていて、この二人、老いと若きの二役を演じながら、刀と槍の両方の技を見事に披露してくれます。楽しくて見ごたえのある作品です。

どんなにふざけたり、失敗して情けない顔をしたりしていても、一変してあの素晴らしい立ち回りを見せられると、観ている人は爽快な気分にしかなりません。エンターテインメントの極意を長年にわたって、裏方としても俳優としても見せてくれてきたサモ・ハン、大好きです。

ジャッキー・チェン（成龍）

❖林　コメディ要素が強く取り入れられて、それまでの香港映画とはまた違った一ジャンルを切り拓いていますね。今さら何か付け足す必要もないほどにさまざまに語られているし、人気作品がたくさんあります。体を張ったアクション場面がふんだんに散りばめられて、トム・クルーズの『ミッション・インポッシブル』シリーズを始め、数多くの映画にも影響しています。

映画の最後にＮＧ場面が観られますが、これは最初日本の配給会社が付け足したものだったと聞いて、宣伝プロモーションのために使える素材は何でも活用する配給会社は凄いなと思います。それを**ジャッキー・チェン**ご本人が気に入られてその後は自らＮＧ集をラストクレジットに流すようになったとか。スタッフ・キャストが出ているのを最後まで席を立たずに見てもらうためなのかと思ったら、子供たちが危ないことを安易に真似しないように注意を込めて出しているそうですね。ビルからビルへ飛び移る、走っている大型トラックの下を通り過ぎる、高い所から飛び降りる、あらゆる工夫を凝らしています。

危険なことを面白く見せる。これも今さら言うまでもなく『**プロジェクトA**』の時計台の場面からハロルド・ロイドの『要人無用』を思い起こせるように、あるいは『**奇蹟／ミラクル**』がフランク・キャプラ監督の『一日だけの淑女』と『ポケット一杯の幸福』をリメイクした作品であるように、クラシック映画へのオマージュも映画ファンには魅力ですね。大型バス、自転車、オートバイ、ショッピングモール、シャンデリアなど、新たな見せ場を次々と作る豊かなアイデアと、鍛えている人だけにできるアクション。危ない場面とコミカルな場面との緩急のバランス。**ブルース・リー**の笑顔が観られる作品は、『**ドラゴンへの道**』くらいで限られますけど、ジャッキー・チェンにはむしろ笑顔のない作品があったでしょうか。香港映画といったら彼、という人も多いでしょう。

❖美山

まさに香港映画・代表格のおひとりです。人を楽しませる天才だけど努力の人。危険な撮影も体を張って、頭蓋骨陥没骨折をはじめケガの数も種類も相当なものです。百面相の表情で、面白おかしくしていても、正義感のスイッチが入るととてつもないパワーを発揮するところも魅力だと思います。

『プロジェクトA』

ハリウッド映画『ラッシュアワー』シリーズの2作目は香港が舞台で、高く組まれた竹の足場でのアクションもありました。

世代的にやっぱり劇場で観たインパクトが忘れられない『**プロジェクトA**』の話になってしまいますけど、竹棒や椅子、手すりなどなど、道具を使うアイデアに溢れています。会話もとてもテンポが良くて、それが見せ場になっているところがありました。武器を奪う船上のシーンでは、**ジャッキー**と**サモ・ハン**が京劇の化粧の仮面をかぶって登場、京劇風の喋りと立ち回りをしていたのは愉快でしたし、小さい頃から中国戯劇学院で一緒に学んだ二人ですから、決めポーズもピッタリ同時でしたね。海賊のボスを演じていた**ディック・ウェイ（狄威）**は海賊そのもの、いやそれ以上で思わず笑ってしまいます。本当に圧倒的な貫禄、悪者ぶり、そしてもちろんクンフーがすごい。日本で名前はあまり知られていなくても、数多くのアクション映画に悪役で登場して盛り上げてくれた人です。そういうやられ役で武俠映画やクンフー映画を支えてきた人たちにも敬意を表したいですね。

コメディ映画

❖**林**　**サモ・ハン**や**ジャッキー・チェン**の出演した作品の他にも日本でも人気を博した映画がたくさ

『霊幻道士』

んありますね。コメディが国際的にも人気を得るのは生易しいことではないはずですが、香港映画のコメディはどうして国際的にも大ヒットを飛ばせたのか。これも研究したら一冊の本が出るくらいの壮大なテーマなのですけれど。間の取り方や突っ込む口調の強弱が笑いの重要な鍵になりますから、吹き替えの工夫も然りで、東宝東和をはじめとする日本の配給会社のご努力たるや並大抵のものではなかったでしょう。

アクションが主体となって画面で笑いを醸し出していくと、たとえ広東語がわからなくても伝わりやすい。ジェッキー・チェンもサモ・ハンもそうですが、表情が豊かで何かこれから面白いことをするという時にはいたずら坊主の顔つきになります。べタといえば限りなくベタですが、世界に通じる笑いに成り得たのだなと今さらながらに彼らの偉大さに気づかされます。もちろん、香港の中では『Mr. BOO』シリーズがそれまでの北京語が主流の中にあって広東語で創られたこととか、歌も広東語で出されて大ヒットしたというヒットの要因もあるでしょうし、『悪漢探偵』シリーズもアクションを入れ込みながら国際的にみんなが知っている『ジョーズ』や『007』シリーズのパロディをフル活用していましたね。それから『霊幻道士』シリーズの鉄板的な強さ。香港映画と言ったらキョンシーを思い浮かべる人も多いでしょう。

❖美山

キョンシーは真似しやすいから、子どもたちにも大人気。見せる笑いですね。それから、『Mr. BOO』シリーズの日本での大ヒットは、アドリブ炸裂の広川太一郎さんあってこそだったようで、吹き替え版も観たくなります。

日本で最初に公開された『Mr. BOO! ミスター・ブー』では、1970年代の香港の街の様子がわかって興味深いです。有名な豆乳ドリンクの維他奶（ビタソイ）が当時、瓶で売られていたことにも時代が感じられます。昔ながらの映画館がなくなっていく今では、古めかしい窓口も、朱色の堅そうな椅子が並ぶ劇場も、映画館って昔こうだったかな、と懐かしい気分にさせてくれます。

それにしても、映画中に強盗団が出てきてお客さんを起立させ、網のついた長い紐を列ごとに置いて金品を入れさせるなんて、あまりの斬新なやり方に笑ってしまいます。厨房で闘うシーンで

『Mr. BOO! ミスター・ブー』

は腸詰（ソーセージ）がヌンチャクと化すし、やっぱり動作で見せる笑いが多いですね。テレビの料理番組を聴きながら鶏まるごと一羽を料理していると、いつのまにか健康体操番組にチャンネルを替えられて、あちらでは人間が、こちらでは鶏が、同じ動きをバタバタとやるところには大笑いしました。約45年経っても、普通に面白いってすごいですよね。表情の間の取り方やベタな展開は『オースティン・パワーズ』を思い出して、マイク・マイヤーズはもしかしたら影響を受けているかもしれません。

『**黒薔薇vs黒薔薇**』は私のお気に入りのアクション・コメディです。これはもう別にあらすじなんてどうでもいい感じ

『黒薔薇 vs 黒薔薇』

で、刑事なのにポケーッとしている**レオン・カーフェイ（梁家輝）**も面白いですが、何といっても伝説だったはずの義賊・黒薔薇のもとで修業を積んだという弟子二人が最高です。弟子といっても、中年のおばさま二人なんですが、修業をしすぎて一人は健忘症に、一人はベルが鳴ると条件反射でクンフーの演舞をしてしまう。麻薬組織との格闘シーンでもお約束のベルは鳴り響き、絶妙な将軍令の音楽とともに再び演舞が始まってしまう始末。でも、二人のクンフーは最高に強くて格好いいんです。**フォン・ボーボー（馮宝宝）**と**ウォン・ワンシー（黄韻詩）**、この二人の女優さんだからこその面白さ。映画のパロディも多数入っていて、それがわかると笑いのポイントが増えますね。ロングラン興行の記録を築いたそうです。

コメディといえば、**チャウ・シンチー**にもう一度触れておかなければいけません。サッカー好きとしてはやっぱり『**少林サッカー**』を外すことはできなくて、**ブルース・リー**に似たキーパーがお約束の黄色のトラックスーツを着てポーズを決めてくれるだけで個人的にはすでに大満足です。チャウ・シンチーの笑いは独特なところもありますがやっぱりベタで、街にこんなにバナナの皮が落ちているわけないし、登場人物に誰もまともな人がいない。**ヴィッキー・チャオ（趙薇）**演じるヒロインも特殊メイクでひどい顔をさせられていますが、綺麗になりたいと門を叩いた美容パーラーから出てくるのは髭をはやしたおばさん。変身の仕上がりは、怖ろしいくらいの厚化粧にハンガー並みの肩パットの入った服。やっぱりそうだよねと笑いました。肝心のサッカーも、あり得ないナンセンスの連続ですが、映画だからこその面白さであって、当時の香港の興行収入記録1位に輝いた作品です。香港のコメディはベタを覚悟で見るべし、でも意外と笑えて新鮮です。

第3章 チョウ・ユンファからラブ・ロマンス映画まで

スターとその映画について

アベニュー・オブ・スターズ

チョウ・ユンファ（周潤發）

❖林

アクションからラブ・ロマンスまで幅広く活躍のスター。日本の配給会社がプロモーションに香港でのインタビュー取材を企画して、私も混ぜてもらった機会がありました。日本から評論家が何人もいらして。私は便乗参加でしたが、**チョウ・ユンファ**って記者たちへの気配りが細やかで、丁寧に質問に答えられた後、一人一人と写真撮影のサービスまで彼のほうから言いだしてくれるほどでした。さすがだなって感激しながらもスターってストレス溜まるだろうなって正直その時思いました。

日本では作品にもよりますが、公開日から逆算して数カ月前から試写を回し始めて、来日取材も仕込んだり、公開初日の舞台挨拶も段取りしたりと、配給・宣伝会社は時間を掛けて準備をしますよね。

香港の場合、私が住んでいた頃はできたての完成披露試写が火曜日の夜で、２日後の木曜日には一斉公開。日本じゃ考えられないスピードでした。そしてその完成披露の時にスターの舞台挨拶も行なって、それをＴＶが取材して一気に盛り上げる。能率的に即効の効き目を狙う作戦。早業です。

美山

香港映画のセリフで「快哟、快哟！（早く、早く）」ってよく出てきますが、その試写と公開のスピード大作戦もせっかちで効率重視の香港人の性質故でしょうか。

そんな中、**チョウ・ユンファ**はいつもなんだかゆったりとしていて、余裕とか貫禄を感じます。香港人は、大陸で生まれて香港で育った人と、香港で生まれた人とに分かれますが、チョウ・ユンファはちょっと珍しい香港の離島・ラマ島の出身です。南Y島と書きますけど、林さんは行かれたことはありますか。とても美しい島のようで、セントラル（中環）から船で30分ほどなので日帰り旅行もできますから、ぜひとも行ってみたいです。彼のあの大らかな感じは、育った環境の影響もあるのかなと思えませんか。大スターを気取らず庶民的だというエピソードは多くて、親近感が湧きます。チョウ・ユンファに限らず、スターや巨匠と呼ばれる監督たちの心遣いには林さんもずっと感動されてきたことと思います。どんなビッグネームでも〝普通〟でいられて、威張らない人は、真にトップなのだということは、私も映画祭の仕事にかかわってきた20数年の間、常に実感してきたことです。もちろんほかの業界にも共通することだと思います。

林

ラマ島は行った経験はないのですが、海水浴場が有名な島。**チョウ・ユンファ**の映画を思い出し

『ゴット・ギャンブラー』

ながら是非ご一緒しましょう。

確かにおっしゃる通り、人は育った環境って重要だから、ラマ島にはストレスって何？というくらいの特別な力があるのかもしれません。彼の映画を観ていると、スターの百面相というのか活躍している姿、演技の七変化を観客にどうサービスして観せていくかというところに重点が置かれているように思えます。さまざまな形で観られる立場を労苦に思っていたらスターは務まりませんよね。

『ゴッド・ギャンブラー』にしても、チョウ・ユンファは神と呼ばれるほどのギャンブルの達人で、自分でも何をどうしているのかわからないけど神業的な手さばきで勝利あるのみ。冒頭は鉄人風の姿なのですが、突然途中でアクシデントに見舞われて大変化があり、その部分は本人の記憶がなくなってしまう。けれどもドラマとしては、その部分で**アンディ・ラウ**との共演になっています。チョウ・ユンファは、まるで別人格を演じることになる。こういうことは例えばクリント・イーストウッドや高倉健の作品にあったかしら。むしろ大スターは比較的自らのイメージに沿う役柄を演じがちかと。アラン・ドロンには『黒いチューリップ』で瓜二つの弟がいたという設定がありましたけど。

『**男たちの挽歌**』シリーズでは第一作でチョウ・ユンファは銃弾に撃たれるから仕方がないのですが、『**男たちの挽歌Ⅱ**』では、じつは彼には双子の弟がいた！という設定で堂々と出演しています。観客としてはありえないって興ざめするどころか、チョウ・ユンファを再び観られる！って大喜び。だから映画の中でも歌舞伎で見栄を切るようにクローズ・アップでしばらく停まる場面があるし、カメラの凝視を受けて火を口の中に入れたり、何か気になることをやってくれています。これは**ジャッキー・チェン**にもしばしば観られることですが、ストーリーとは直接関係ないところで、ムーン・ウォークをして見せてくれたりするサービスショットがありますね。

ですから香港映画って、基本的にはジャンル分けしてお勧めを語ると確かにわかりやすいけど、反面、単純にはジャンルを分別できないというか。『ゴッド・ギャンブラー』はコメディと言っても異論のある人は少ないと思うし、『男たちの挽歌』も香港ノワール、ギャングの銃撃戦が繰り広

『男たちの挽歌』

『男たちの挽歌Ⅱ』

げられるバイオレンス・アクションですが、ストイックな男たちの生き様だけに終始せずにコミカルな場面にも見ごたえがあるし、観客をさまざまに楽しませることに徹底している。香港映画はジャンル分けすること自体が無意味にも思えてしまいます。

❖美山
そうですね、**『男たちの挽歌』**をただのハードボイルド映画にしていないのは、**チョウ・ユンファ**の屈託のない笑顔や小意気さといったスパイスが効いているからこそだと思います。男気だけでなく哀愁や親しみやすさもあるところから、相棒との信頼関係や男の友情といったテーマを演じるのにとても適していて、**『友は風の彼方に』**も印象に残る作品です。秘密捜査官として強盗団の組織に送り込まれるチョウ・ユンファが、任務に抵抗しながらも幹部の一人との間に友情が芽生え、葛藤する物語です。幹部を演じるのは**ダニー・リー（李修賢）**で派手さはなくとも渋くて、サックスの音色やマリア・コルデロのヴォーカルも響き、泥臭いながらもなんだかお洒落な作品でした。チョウ・ユンファが警察官でありながらも警官に追われて、地下鉄の駅のエスカレーターを物凄い勢いで降りるアクションも見ものです。

サングラスにトレンチコート、そして二丁拳銃のイメージとはかけ離れて、**『グリーン・デスティニー』**では名剣を置くことを決意した武術家を非常に抑えた演技で見せてくれたり、**『おばさ**

んのポストモダン生活』では口ひげをはやした胡散臭い中年男を演じたり、亜州影帝と言われるだけあってアジア映画ファンの心を上手にくすぐる人ですね。

スターダムにのし上がる前の『**傾城の恋**』と『**風の輝く朝に**』にも少し触れると、『傾城の恋』では英国帰りの青年実業家役ですが、『風の輝く朝に』では三角関係に悩む労働者を熱演していて、これも男同士の友情が大きなテーマになっています。

どちらの作品にも共通するのは1941年の日本軍の香港侵攻です。目を覆いたくなるようなシーンもあり、日本人としては複雑な思いをしますが、映画に描かれていて初めて知ることもあって、若い世代の人たちにはこういう歴史があったということを知るきっかけになると思うんです。描かれていることが事実かどうかをはじめ賛否両論あると思いますが、自分の国のことをちゃんと知る機会を与えてくれる映画は有難いと感じます。

レオン・カーフェイ（梁家輝）

❖**林**

レオン・カーフェイって奥行きがあって守備範囲が広い。マフィアものもメロドラマも歴史劇も、そして国際共同製作も。それでいて色がまだまだ固まらないというか、コメディでも味わい深い。

彼ほどの大スターがフィルメックスの審査員でご来日くださったのには、じつは背景があるのです。それは**ユエンリン**の葬儀がきっかけでした。彼女の広い人脈を反映して大勢の参列者が悲しみに暮れ、私も東京から飛んで行ったのですが、ふと見るとレオン・カーフェイが静かに座っていらしたのです。あれ？っと思って**ジェイコブ**に後で聞いたら、「ユエンリンと仲良しで特にレオンの奥さんとユエンリンは親しかったのだよ」って。え？　大スターと仲良し？　恐るべし、ユエンリン。そして、葬儀から戻って少し落ち着いてから審査員の打診をお願いしてみたら、「ユエンリンが好きだった映画祭だから」とスケジュールを調整してくださったのですよ。

❖美山

まさかあの大スターがフィルメックスに審査員でやってくるなんて、大興奮でした。その年はゲスト全体の担当だったので、コーヒーをお出ししたくらいですが、事務局の部屋に入って来られる度にド緊張しました。でも、**レオン・カーフェイ**は、スターを気取らない、本当に静かで穏やかな方でしたね。林さんの人脈と勘のお陰で、香港映画ファンも大いに盛り上がったことと思います。

日本での香港明星最盛期は、**香港四天王**がいて、さらに**トニー・レオン**、**レスリー・チャン**、また新しい世代では**イーキン・チェン**や**ニコラス・ツェー（謝霆鋒）**が出てきて、すごいマーケットでしたね。その頃をご存じない方は、韓流ブームを想像してもらえばいいのでしょうか。私が通っ

『黒薔薇 vs 黒薔薇』

た広東語の教室も定員15人すべて女性で、皆さんこの中の誰かの熱烈なファンでした。「あなたは誰のファン?」と聞かれて真面目に「ブルース・リーです」と答えると、「もお、冗談ばっかり」と笑い飛ばされましたっけ。でもこういうスターの中では、個性の光るレオン・カーフェイがいいですね。

❖林

レオン・カーフェイの出演作品で一番お好きなのはどれでしょう。大作では『**西太后**』『**愛人/ラマン**』最近では『**コールド・ウォー 香港警察二つの正義**』が有名ですが、やっぱり『**黒薔薇 vs 黒薔薇**』は絶対に外せないですよね。これはドタバタ・ハチャメチャ・コメディですが、香港ならではという感じでなんとも表現しにくいながらも、ニタニタと思わず笑わずにはいられない一本ですね。

コメディでは『**月夜の願い／新難兄難弟**』でも『バック・トゥ・ザ・フューチャー』さながらに特殊メイクで**カリーナ・ラウ**とともに老け役夫妻でいきなり登場しますが、『三丁目の夕日』タイプのほのぼの系ドラマに仕上がっていました。**エリック・ツァン**（**曾志偉**）製作で撮影が**アンドリュー・ラウ**。中秋の夜に息子の**トニー・レオン**がタイムスリップする話で、「大切な思い出を忘れてしまった人たちへ」というテロップが最後に出されて、しみじみ楽しめますね。

この映画は細かいギャグがたくさん詰まっていて、例えばお医者さんがジバゴ先生という名前で、ドクトル・ジバゴさんにモスクワからお電話ですみたいなクスっとした笑いがあります。ワトソンズ・チェーンの創業者も出てきました。香港でワトソンズと言ったら蒸留水から大きなドラッグストア、ワインショップもある今や大企業。きっと地元の香港人ならではこそ笑える、もっと細かいギャグが満載なのではないかしら。

レオン・カーフェイのコメディセンス。スクっと立ち位置を決めていながら、飄々と流し目で微妙な間合いを作られる。四天王世代より少し上なので、『**柔道龍虎房**』では師匠役、『**コールド・ウォー**』でも悩める父親の存在を演じて、素敵です。

❖美山

一番好きな作品は、やっぱり『**黒薔薇vs黒薔薇**』になってしまいます。**レオン・カーフェイ**が演じるロイ・ケイ刑事は、同名の60年代に活躍した二枚目俳優がいるそうで、確かにピシッとスーツを着てかっこいいのですが、仕事をしている感じは微塵もない。むしろ想いを寄せる女性の部屋に不法侵入しているじゃありませんか。ふにゃふにゃと頼りないところにあの高音ボイスが響いて、面白いキャラクターが完成されていましたね。香港電影金像奨で見事、主演男優賞を獲得されました。

『**月夜の願い／新難兄難弟**』でも歌っていらっしゃいますが、わざとであってほしい不安定な音程。「Tell Laura I love you」と**カリーナ・ラウ**に歌う、あの不思議な歌声がどうにも頭で鳴って忘れられません。過去に戻った時の、底抜けにお人よしで人助けに奔走する長屋のお兄さん役がぴったりでした。

金像奨で再び主演男優賞を獲ったのは『**エレクション**』でした。コメディとは打って変わった、黒社会の権力抗争が舞台。組織の会長の座を巡り、冷静沈着で伝統に従うライバルとは対照的に、レオン・カーフェイ演じるディーは金こそ権力だと組織の統一を乱すクレイジーな男。悪役、しかも手のつけられない傲慢で残酷な役柄は見ごたえがありました。せっかく問題が解決して新体制が整ったところに、何でまたそんなこと言うかなとこちらが思った途端、驚きの展開へ。あれはレオン・カーフェイの説得力のある一貫した演技がもたらしてくれた映画の醍醐味ですね。

アンソニー・ウォン(黄秋生)

❖林

アンソニー・ウォンと、**ラウ・チンワン(劉青雲)**。彼らの存在がどれほど香港映画を奥深くしているか。アンソニー・ウォンって長身で実際にも大柄な人。ワンチャイ(湾仔)にある香港アートセンターではさまざまな特集上映を果敢に企画していて、在住中にも今村昌平特集とか少し準備をお手伝いしたこともあったのですが、映画ファンは思わず行ってしまう心のオアシスです。何度も通っていると顔を覚えてしまって、よく見かけていた観客の一人がカンヌのマーケットブースに座っていたりすると、あなたも映画業界人だったのねってこともありました。

アンソニー・ウォンも観にいらしていました。それこそオーラを消しているのでしょうが、やはり目立つ。香港スターと同じ上映回で映画を観るって素敵な経験です。スタッフやキャストでも物凄く映画を観ていらっしゃると、なんだか信頼できるように思えてしまいます。日本でも映画編集のプロで親しくしてくださる方がいらっしゃるのですが、映画の感想を伺って、気づかなかったり謎だったことを紐解いていただけた機会が幾度もありました。

香港アートセンターの劇場は地下ですが、上の階には見晴らしの良いシービューの洋食カフェがあって、そこのコーヒーが抜群に美味しかった記憶があります。今は香港も美味しいコーヒーがありますが、20年以上前は満足できるコーヒーは少なかったので、そこも貴重なオアシスでした。香港は基本、お茶がメインの文化ですものね。

❖美山　おっしゃる通り、作家性の強い作品を観にいらしている俳優の方たちをお見かけすると、自然と信頼感が増します。人気の高い俳優さんだけにオフの時間は貴重でしょうに、その合間をぬって来られているわけですから、熱心なシネフィルでいらっしゃるんだなと思います。同じ空間で映画を観ていることも嬉しくてソワソワしますね。

香港アートセンターの洋食カフェ。絶景を前に美味しいコーヒー。行きたいですねえ。**アンソニー・ウォン**も飲んだかもしれないと思うと余計にそう思います。

この方は演劇の舞台にも立たれるので、一度観に行ったことがありました。前に座ったものすごく大柄の西欧人に視界を塞がれて哀しい思い出と化しましたが。以前に唐突に林さんから「アンソニー・ウォン、お好きでしょ？」と当てられて驚いたこともありました。本当にたくさんの作品に出演しているので、何からどう語ってよいか迷ってしまいます。

かなり前ですが、香港国際映画祭が3人の俳優に焦点を当てた特集をしたことがありました。アンソニー・ウォン、**ラウ・チンワン**、**フランシス・ン（呉鎮宇）**。当時、私はラウ・チンワンしか知らなかったので目新しくて刺激を受けました。四天王や派手なスターではないにしても香港映画に絶対必要な3人。非常に印象に残る企画上映になりました。企画の組み方、着眼点が面白いですよね。林さんは3人の中では誰がお好きですか。

❖**林**　**フランシス・ン**は監督作品もありましたね。香港国際映画祭は特集上映が魅力的でヨーロッパの監督特集の場合もあるし、成瀬巳喜男大特集はじめ日本映画をフォーカスしてくださった時もあるし、50～60年代の香港映画クラシックも素晴らしかったです。さすが、香港国際映画祭。

『やがて哀しき復讐者』は、**アンソニー・ウォン**が不動産事業で大成功した富豪で、クスリに溺れる娘との関係が描かれて主演でした。アンソニー・ウォン、ある時はイタリア人の牧師、またある時はヒッピー風なミュージシャンや介護会社の経営者など、たくさんの映画の中で短い出番でも強烈なインパクトを残していますね。役作りなのかと思いますが『**イップ・マン 最終章**』に限らず、作品によって体重の増減が激しい姿をしているように見受けられます。１９９４年公開の作品では15本以上、95年でも11本以上に出演、その数をこなしながらデ・ニーロみたいに姿を変えるのは至難の技ですから演技力でそう見えるのかな。**ジョニー・トー**作品のアンソニー・ウォンは格別にカッコいいし、『**インファナル・アフェア**』の**アンソニー・ウォン**は**エリック・ツァン**と並んで、じつは主役でしょって思うのですけどね。

『**エグザイル／絆**』で若い頃の写真が出てきましたが、ちょっとベイシティ・ローラーズのイアンみたいな（？）感じでした。大人になってからは私にはハーフという風貌には見えないけど、黒メガネで目の辺りをカバーしているからでしょうか。アンソニー・ウォン主演で渋い大人のラブストーリーなんて企画があったら観てみたいな。

❖**美山**

『**やがて哀しき復讐者**』では、高校生の息子を演じたのがまさかの実の息子と知ってびっくり。それから、**ロー・ウィンチョン（羅永昌）**監督はジョニー・トー監督の『**スリ**』で見事な女装を見せたあのおじさんと知って、またびっくり。気心の知れた仲間なのか、ＤＶＤのインタビューでは**アンソニー・ウォン**が、「この映画、タイトルが違うんだよね、こっちのほうがよかったよね」とか好き勝手喋っていて面白いです。それから「自分は好きで演じているわけで趣味なんだから、それにはお金は要らない。俳優って待つことが仕事だと思うから給料はその分でいい」なんていう面白い持論も話しています。

確かに役に合わせて顎のラインがすっきりしていたり、あるいは全身ぽっちゃりしていたりとプロの役作りをされていますよね。まさしくジョニー・トー作品では格別にカッコいいし、『**インファナル・アフェア**』はアンソニー・ウォンなくしては成立しなかったでしょう。

そんな裏社会の人物や警察官といったシャープな役柄と対照的だったものに**アン・ホイ**監督の『**千言萬語**』があります。先ほど挙げられていたイタリア人牧師・カムですね。この作品は、70～80年代に水上生活者とその大陸妻の権利のために植民地政府と闘った社会活動家についての、事実を基にした重厚なドラマです。ひょんなことから水上生活者の少女を知り、その後成長した彼女に寄り添う青年アトンのよき理解者であるカム牧師は、自らもボートの上で暮らし人権活動を支援しています。アトンも家庭の事情から苦しみ悩んでいますが、カム牧師のところで英語を勉強したり、相談に乗ってもらったりすることで、人として大切なことを自然に学んでいきます。大陸から迎えた妻たちが違法滞在者として送還され、残された幼子の面倒を父親たちが働いている日中は見てあげているカム牧師は、一度代わりをお願いしたアトンがすっぽかしたことで、いつもの穏やかさから一変、声を荒げて叱ります。怒りをぶつけたことが正しかったのか悩み後悔するカム牧師。そして大陸妻の権利を求めてひとりハンストをするカム牧師。つらい境遇に生まれついた人たち、そして貧しく苦しい人たちに寄り添うことを選んだ人たちが描かれる中、カム牧師の大きな存在感が物語を支えていて、アンソニー・ウォンの演技力が素晴らしく発揮されている名作だと思います。

アン・ホイ監督の『**桃（タオ）さんのしあわせ**』で、**アンディ・ラウ**が初めて介護施設を訪れたときに妙に色っぽい年配の女性が受付にいますよね。彼女が細かく質問されて助けを求めた経営者として出てくるのがアンソニー・ウォン。アンディ・ラウと同じ映画業界で働く彼がサイドビジネスとして介護施設を始めてみたら、これが当たったんだと嬉しそうに話します。これがまたはまり役で、こんな人いそうだなって妙に納得してしまい、素晴らしい作品に華を添えていますね。

レスリー・チャン(張國榮)

❖**林**　忘れられない大スター、**レスリー・チャン**は四天王ではなかったのでしたね。四大天王は**ジャッキー・チュン**（**張学友**）、**アンディ・ラウ**、**アーロン・クォック**、**レオン・ライ**（**黎明**）。別の四人を香港四天王とする場合は、**ジャッキー・チェン**、**チャウ・シンチー**、**チョウ・ユンファ**、**アンディ・ラウ**。そんな括り方はともかく、セントラル（中環）のスターフェリーの発着場の近くにあるマンダリンオリエンタル・ホテルは私が香港に住んでいた頃はバルコニーがありましたが、あの後しばらくしたら変わっていました。信じがたい出来事で、思い出す度に心が痛みます。

『**流星～The Kid**』はレスリー・チャンが製作総指揮した作品で、彼はノーギャラで演じたそうですが、この映画の内輪試写に監督からお招きいただいて伺った時、レスリー・チャンも観にいらしていました。だから私、会ったことがあるとは言えないけど、実物を見かけた時はあるのです。主演スターとしての感じではなく普通にポロシャツを着て静かに一人で来て、スーっとまた帰られて。プロデューサーの意識でいらした印象でした。映画祭でもそうですが、スターって〈出番です！〉って時のオーラが輝く姿への切り替えたるや見事ですよね。あの時のレスリー・チャンはオフの姿でした。

❖美山

レスリー・チャンはキラキラ輝いてあっという間に去っていった幻のようですが、その幻を実際に見られたのですね。大好きな香港には仕事以外でもかなりの回数行っているのですが、必ず劇場に行って何かしら公開中の香港映画を観るのが常でした。旧正月のシーズンにちょうどレスリー・チャン主演の作品が上映中で、ポスターから時代劇なのはわかりましたが、始まってみるとびっくり。かなりはじけたミュージカル・ラブコメディでした。後から調べると『**歌って恋して**』というタイトル。すでに世界的にも有名だったので、こういう庶民的なお正月映画にも出るんだなと、意外性に驚きながら観た記憶があります。

ひと昔前の古い劇場はわりとありましたよね。安いので気軽に入れるし、夜遅くても結構混んでいて、上映中でもわりと頻繁に携帯電話が鳴り「喂（ワイ、もしもし）」と普通に会話が始まる。それが当たり前で、不思議と腹も立たないんですよね。私は尖沙咀（チムサーチョイ）東の日航ホテルのすぐそばにあった、６スクリーンほどのこぢんまりした劇場によく行っていましたが、２０１３年に行ったときちょうど劇場が数日以内に閉まるというタイミングで、さみしかったですね。近くに大陸からの観光バスが大量に停まる場所ができていて、辺りの雰囲気も一変していました。

『さらば、わが愛／覇王別姫』

❖林　そうそう、今でこそシネコンですが古い映画館は返還後でも結構残っていて、セントラル（中環）にもありました。手書きの大きな看板で、座席数も広々として観やすかった記憶があります。

さて。『**男たちの挽歌**』で警察官の道を歩んだ弟分役も、『**チャイニーズ・ゴースト・ストーリー**』や『**欲望の翼**』ももちろんですが、やっぱり『**さらば、わが愛／覇王別姫**』の妖艶な姿は、彼にしかできない存在感でした。カンヌ映画祭で『ピアノ・レッスン』とともにパルムドールに輝いた『さらば、わが愛／覇王別姫』は、香港、中国、台湾の共同製作、**チェン・カイコー（陳凱歌）**監督で北京語の作品ですが、**レスリー・チャン**がトップ・クレジット。触れないわけにはいかない作品です。主体的に製作をしたのが台湾出身の**シュー・フォン（徐楓）**。武俠映画に数多く出演されて、**キン・フー**監督の「**俠女**」主演の美しい女優です。キン・フー作品でも京劇の音楽が効果的に使われているのが印象的でしたが、この『さらば、わが愛／覇王別姫』は、京劇でスターになる二人の男たちの幼い頃からの50年間を激動の歴史とともに描き、**コン・リー（鞏俐）**が絡んで。まさに絢爛豪華な大作です。

タイトルの覇王別姫は、京劇の演目の一つ。まずは幼い頃から京劇の訓練を受ける子供たちの尋常ではない過酷で厳しい訓練の日々が描かれます。今だったら児童虐待に相当するような厳しい指導、大変な修練をして初めて京劇のスターとして喝采を受けられるということですね。この映画を観ながら、**サモ・ハン**や**ユン・ピョウ**、そして**ジャッキー・チェン**達が似たような鍛錬の日々を乗り越えられたのかと想像して胸が熱くなりました。彼らの修業時代については**メイベル・チャン（張婉婷）**が製作総指揮と脚本を担当した『**七小福**』がありますけど。

京劇の音楽の楽器や編成も、京劇メイクの描き方もつぶさに見られ、舞台前の様子や舞台後にパトロンと会って食事に招待される流れもわかります。舞台裏を見ながら、より一層舞台の上の神聖さが際立って、レスリー・チャンの妖艶で魅力あふれる姿の中に哀愁と深い悲しみを感じ取れる。

レスリー・チャンの子供時代を演じる役者が二人いましたね。彼らにもすでに妖しい気配が漂っているので大人になった時にレスリー・チャンに交代しても違和感がなかったです。それに比べると『ラストエンペラー』の時の子供時代からジョン・ローン（尊龍）への変化は、私にはかなりの違和感がありましたけど。

さて。レスリー・チャンはラブ・ロマンスにもたくさん出演していますが、**アンディ・ラウ**とは違って颯爽とカッコいいスーツでキメているのではなく、何か自信がないような不器用なキャラクターが多い印象があります。レスリー・チャンって可愛らしい魅力もありますからね。

本人が一番好きだと言われているのが『**夢翔る人～色情男女**』ですが、これは映画製作の舞台裏を描いた素晴らしい作品で監督は**イー・トンシン**（**爾冬陞**）。色情男女って日本人からすると直情的な漢字ですね。香港の地元新聞でも一面トップに毒とか爆とかインパクトの強い漢字がドカンとよく出ていましたっけ。

レスリー・チャンが成り行きでポルノ映画を作る事態になってしまった監督役で、**スー・チー**がその劇中映画の主演女優、実生活で同棲している彼女が**カレン・モク**（**莫文蔚**）。他にも**ラウ・チンワン**や**アンソニー・ウォン**がチラリと顔を出していたり、出資しているプロデューサーがマフィアのボス並みにデフォルメされて（リアルなのかも？）描かれていますが、基本的には映画愛に溢れた感動的な映画です。

コメディだけどアイロニック。映画製作を舞台にした『8 1／2』『アメリカの夜』を出すまでもありませんが、お客が入らない芸術映画を作って自殺してしまう監督をイー・トンシンと自らの名前でラウ・チンワンに演じさせたりする自虐的なギャグを織り込みながら、「映画以外に何ができる？」「映画をやめたら何が残るの？　バカね、映画を作るあなたが好きなのよ」なんて、監督が実生活で言われたいような、夢かうつつかのセリフも散りばめられています。

私にとって胸に迫る感動的な場面は劇中で制作しているポルノ映画の男優役が、奥さんと小さな息子を撮影現場に連れてくるところでした。そもそも仕事場に家族が来るってこと自体には賛否両論あろうかと思いますが、この映画の場合はしみじみとそれをきっかけに現場の雰囲気が温かくなって、チームが団結できるように展開していきます。映画を創るのは生易しいことではないけれど、完成して高い評価を得られた時の喜びは代えがたいのでしょう。家族や恋人にも仕事仲間にも理解してもらえて映画を創り続けられたら素敵だなという夢のような映画だから、孤独と闘わないとならない宿命を背負う大スターだったレスリー・チャンにとっても、大事な作品だったのではないかしら。今ではそんなふうに思えます。

❖美山

本当に、ひたむきで、不器用で、悩みもがき、儚げな青年という印象が強いですね。『**男たちの挽歌**』シリーズでは、警察官になったものの兄が黒社会の人間だったことに苦しみ、未熟なのにひとり突っ走って捜査をする役にはまっていました。エンドロールに流れてくる彼の歌声は美しく、ファンにはたまらなかったことでしょう。

『**夢翔る人～色情男女**』は一見異色に見えますけど、確かに映画への愛は半端なく、最初はレスリーが撮影監督をはじめとするチームから信頼を得られずギクシャクしていましたが、逆境を乗り越えてみんながひとつにまとまるところが見ていて嬉しくなりました。サッカーの試合を見るシーンも、おそらくチームとして機能しないとうまくいかないことの象徴なのかなと思いました。売れない監督と母親の関係も、ほんわかしていてよかったです。そういえば、**イー・トンシン**監督の漢字は爾冬陞で、ラウ・チンワンが演じるのは爾東陞、同じ読みで字を違えてのギャグでした。レスリーが「僕が自殺したらどうする？」というドキッとするようなセリフも吐いていますね。

「覇王別姫」というと梅蘭芳を思い起こしますが、**レスリー・チャン**の『**さらば、わが愛／覇王別姫**』での蝶衣役は、ただ立っているだけで趣があり、語らずとも抱えている悩みや感情が伝わってきて、本当に素晴らしかったです。子ども時代に修業がつらくて逃げだした先で初めて見た京劇の美しさに涙するシーン、満員の観客の拍手にゆっくりと応えるシーン、兄への想いが伝わらず夜の光の中で涙しながら刀を自らの首にあてるシーン……強烈な色とともに浮かぶ名場面がいくつもある作品です。レスリー・チャンはこの時、まだ37歳。違う考えの方もいらっしゃると思いますが、出演作は多いものの『覇王別姫』ほどの作品・役には恵まれず、それだけにもし生きていれば、また重厚な大作に出会う機会があったのではないかと考えると、残念でなりません。

❖林
そうか、爾冬陞と爾東陞。**イー・トンシン**の漢字表記にひねりとは、ご指摘に感謝です。**レスリー・チャン**のベスト作品は諸説あるでしょうね。『**欲望の翼**』にも多数票が集まろうかと。それぞれの心に刻まれて生き続けるレスリー・チャン。観客のみならずスタッフたちにとっても、彼の早すぎる旅立ちは残念無念だと思います。

ラブ・ロマンス映画

❖林
美山さんが最初に香港へいらしたのは、いつだったでしょうか。私は3年間の滞在生活は返還直後でしたが、その前にも香港映画祭には何度か出張していました。まだ街の近くギリギリに飛行機が降りて行ったカイタック（啓徳）空港に着陸していた頃です。映画祭ではひたすらに一本でも多くの映画を観ようとするので、住むまではほとんど香港のことを何も知らなかったのと同じでした。だって移り住む前にもう一度見直そうと思った映画が『**慕情**』だったくらいですから。１９５５年に公開されたヘンリー・キング監督のアメリカ映画を見直しても、実際には香港は日々刻々と激変していたのにね。

スタンレー（赤桂）

香港を舞台にした諸外国の映画は、数多くありますね。『**スージー・ウォンの世界**』も主演が同じくウィリアム・ホールデンでしたが、喧騒たるワンチャイ（湾仔）地区が描かれていたし、『００７』シリーズでも何度もロケ地になっていますし、もちろん日本映画でも多くの作品が香港を舞台にしています。海も丘も船もそして乱立する高層ビルや密集する看板も個性的で絵になりますからね。

『慕情』でジェニファー・ジョーンズとウィリアム・ホールデンは、1949年の香港を舞台に愛を語りましたが、海辺のシーンはレパルス・ベイ（浅水灣）です。スタンレー（赤柱）の近く。香港島の南側に位置するところで、アドミラルティ（金鐘）からバスで20分くらい。トンネルを抜けたら別世界が広がっているので、ビルの狭間の日々に疲れたらお勧めですね。香港ってビルがいっぱいで、それぞれの駅を降りたらショッピングモールが直結なので蒸し暑い屋外に出なくても移動ができますけど、どのモールも同様の店が並んでいます。スタンレー（赤柱）は屋外のお散歩には最適で、観光客が立ち寄るのにぴったりな可愛い小物などを売るお店もたくさんありますし。

『慕情』では、ジェニファー・ジョーンズがハーフであることが重要な設定として描かれています。まだ前半の少しぎこちない関係の頃、レパルス・ベイ（浅水灣）の砂浜で、ジェニファー扮するハン・スーインが「自分はハーフ（ユーラシア人、＝ユーレイジアンと言っていますね）で、自分では誇りに思うけど、ユーラシア人は深く考えずにただ感じるだけだからふしだらな存在だ、と感じる人もいる。私は感情に振り回されたくない」とホールデン扮するマーク・エリオットに言う場面があります。

あれ？　これ、**ブルース・リー**もこの映画をご覧になったでしょうか。もしかして彼の有名な言葉、Don't think, Feel というのは、この場面の反語的な意味合いを含んでいたりしないのかしら。ハーフの母親を持つ彼がユーラシア人への誇りを胸に、感情こそを大事に生きようというメッセージを出したとか？　いやいや、ブルース・リーの名言は禅の思想に基づいていて、『慕情』とはまるで関係ないのかな。こんな頓珍漢な妄想はファンの方々にはご迷惑かもしれませんけれど、どうにも気になって仕方ありません。

ビクトリア・ハーバー

❖美山

私が初めて香港を訪れたのは92年ごろだと思います。旅行社のフリープランでしたが、半日旅行のツアーに参加して、まさしくレパルス・ベイ（淺水灣）に行きました。ビクトリア・ハーバーの反対側は西欧人が好みそうなリッチなリゾート地といった趣で、その後行くことがあると、いつもとは逆の、香港島の裏側に来た！という感覚になるんですよね。真ん中に大きな穴の開いた構造の目立つ建物があってそれが〝風水〟というものだと初めて知ったのも、レパルス・ベイでした。

『ラヴソング』

ピーター・チャン（陳可辛）監督の『ラヴソング』でも『慕情』が扱われていますね。主人公のレオン・ライの叔母さんが、若い頃に『慕情』のロケを見に行って、ウィリアム・ホールデンに会ったというエピソードです。『慕情』と聞いただけで私の頭には主題歌が自動的に流れてきますが、『ラヴソング』の原題は『**甜蜜蜜**』、**テレサ・テン（鄧麗君）**の曲ですね。大陸から香港へ渡ってきた人たちの夢と葛藤が、テレサ・テンという歌手の人気や存在を背景に描かれています。

舞台の多くがチムサーチョイ（尖沙咀）で、観光客が多く行き来する中、地元の人たちの生活感が溢れる風景が広がります。運命にもてあそばれているかのようにすれ違う二人の十年間が、切なく美しく語られていました。

ピーター・チャン監督は『**月夜の願い**』で、共同監督の**リー・チーガイ（李志毅）**と、お忙しいのにたった1泊の旅程で福岡に来てくださいました。当時、映画祭ではメイン会場とは別に中洲の昔ながらの劇場も使っていました。照明の少し暗いような古い趣の劇場には、夜遅い上映にもかかわらずたくさんの香港電影ファンが詰めかけていて、上映後の質疑応答までしていただきました。次に香港でお会いしたときは、ヒット作を世に出している貫禄がありました。

『**月夜の願い（新難兄難弟）**』と同様、「新」をつけてクラシック映画のリメイク版で思い出すのが『**つきせぬ想い（新不了情）**』です。主演女優の**アニタ・ユン（袁詠儀）**が明るくキラキラと輝いていて、京劇やジャズなどの音楽に乗って、**ラウ・チンワン**演じる傷心の主人公の懐にあっさりと入っていく様が微笑ましく描かれていますよね。

福岡で上映した際に、**イー・トンシン**監督とアニタ・ユンさんが来てくださいました。お二人は短い滞在の間に取材も入って、やや緊張気味でした。佐藤忠男ディレクターとの夕食会に同席させていただいたのですが、レストランの広々とした個室で、なんとなく緊張感が漂い、話も続かない。なんとかしなければと、映画に出てくる「饅頭飴って何ですか？」と聞いてみたんです。饅頭飴がこの作品では重要な道具なんですよね。そうしたら、アニタ・ユンさんの顔がパアッと明るくなって、屋台で売っているお菓子で、お椀からこうして串に刺して食べるんですよ、とジェスチャーを

『月夜の願い』

交えて説明してくれました。スターを気取らず、場がほっこりとしました。監督もそこから打ち解けて、話が弾んだ記憶があります。

京劇の音楽というのは粵劇（ユッコ）と呼ばれる広東オペラで、舞台でなくともこの映画のように路上パフォーマンスとしても演じられ、ヤウマテイ（油麻地）の天后廟のすぐ傍の路地で見られると聞いていました。行っては何度も空振りだったんですが、やっと一度だけ見ることができました。衣装も簡単で、歌い手と楽器担当が並んで、まわりをお客さんが囲んでいる。映画と現実がつながった瞬間でした。お寺のその先は、屋台が並ぶ有名な男人街という長い通りに続いていきます。映画に出てくる占い横丁もあります。夜の香港。中心街のネオンがきらめく大通りの裏で、昔から変わらずに続く人々の生活や文化に触れると、いつまでもこの風景が残ってほしいと、古いもの好きの私はそう思ってしまいます。

林さんは、ラブ・ロマンスではどの作品がお好きですか。

❖林
『ラヴソング』は、**レオン・ライとマギー・チャン**のコンビでしたが、まずは大スター同士の組合わせの楽しみがありますね。**アンディ・ラウとサミー・チェン（鄭秀文）**みたいに話や設定は違いながらも、同僚から恋人、夫婦から離婚する二人というように、作品ごとに変化しているコンビもあって、さまざまに工夫が凝らされているのが伺えます。

ピーター・チャン監督と言えば、**『君さえいれば、金枝玉葉』**も有名ですが、**レスリー・チャン**が歌う場面が素敵でしたね。男装している**アニタ・ユン**を愛してしまった主人公が、自分はゲイではないからどうしても男は愛せないと悩みぬく話で、しかもその主人公がレスリー・チャン。なので、そんなに悩む必要なんてないのにと思わないわけにはいかないのですが。作られた時代の問題なのか、作り手の意識の問題なのか、ビリー・ワイルダーの『お熱いのがお好き』のラストみたいな洒落たオチで締めくくられると観ているほうは気持ちいいのですけれどもねぇ。

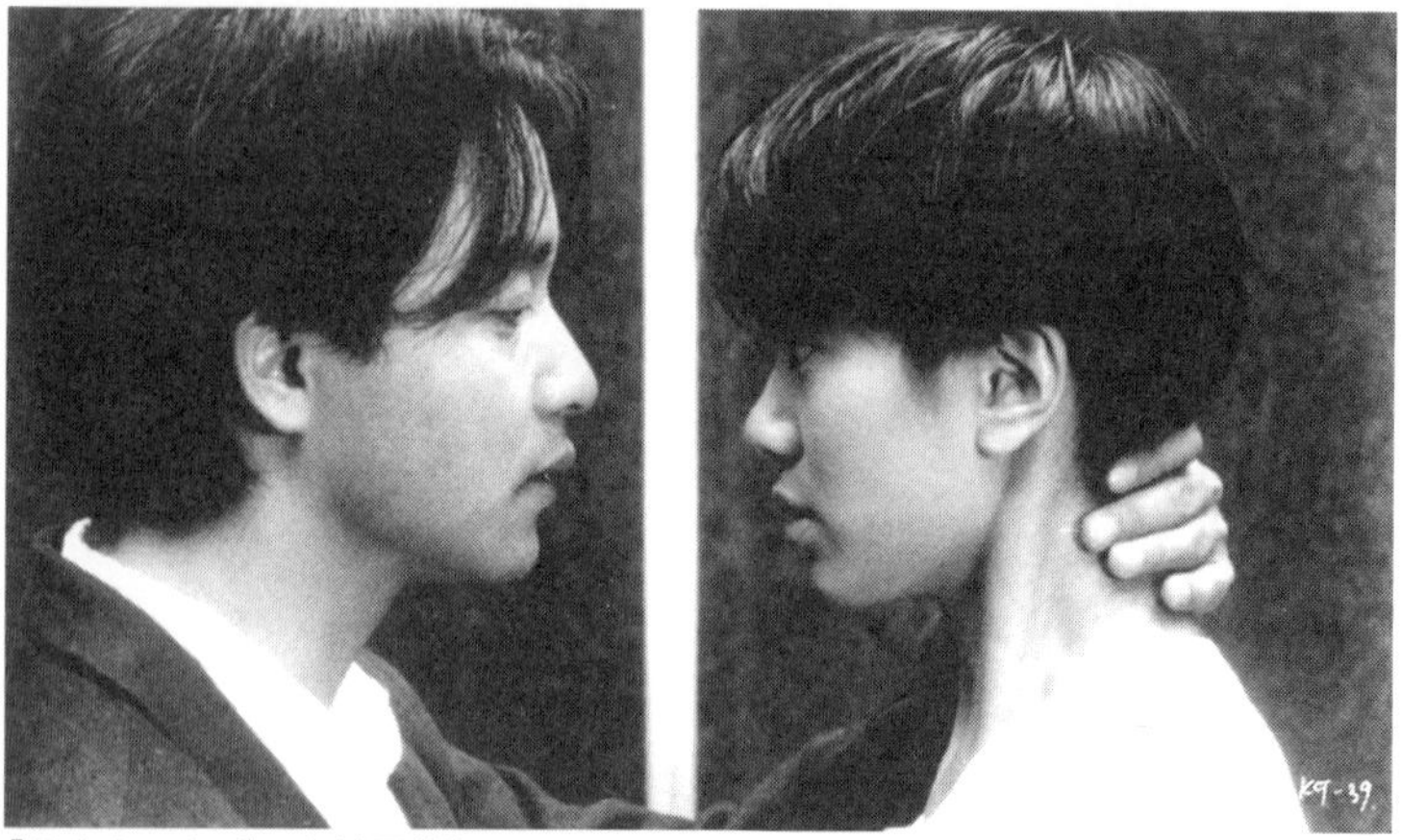

『君さえいれば、金枝玉葉』

プロデューサーでもある**エリック・ツァン**がゲイの人を演じていますが、かなりデフォルメされたキャラクターで、当時の観客は果たして笑えていたのかしらん。『**ホールド・ユー・タイト**』のエリック・ツァンもゲイという設定だけど、こちらの彼はナチュラルで今見ても十分に受け入れられると思います。もしかしたらこれも憶測ですけど、**スタンリー・クワン**監督が、これから3年後に公開された『ホールド・ユー・タイト』で、エリック・ツァンのキャラクター描写を『君さえいれば、金枝玉葉』の口直しとばかりに意図的に修正したとは考えられませんか。違うかな。

ジョニー・トー監督が大人の恋を描こうと、**チョウ・ユンファ**と**シルヴィア・チャン**で撮った『**過ぎゆく時の中で**』は、監督として初期の頃だしスタイルとしてはまだまだジョニー・トーらしい感じはしませんが、この二人もすぐ後に『ゴールデン・ガイ』で再びコンビを組みますね。チョウ・ユンファは10歳の利発な男の子を持つシングル・ファーザー。そこへアメリカからCM撮影のために自転車を上手に乗りこなす男の子を捜して香港へやって来るのがバリバリのキャリア・ウーマンのシルヴィア・チャン。バブル時代ならではの肩パットに濃いアイシャドー・メイクの、80年代後半のシルヴィア・チャンが、本当にバリバリと音を立てるかのようにオフィスやCM撮影現場を闊歩していました。

じつはこの二人はかつて愛し合った間柄というのがすぐにわかり、その先の展開も想像できる流れになります。現代の女性たちには、シルヴィアの役どころの行動には多少の違和感があるかもしれませんね。少なくとも私には、チョウ・ユンファ演じるアーロンが渡米の飛行機代を稼ぐために古傷を背負いながらもバイクレースに再挑戦する気持ちのほうが、共感できました。

アンディ・ラウとサミー・チェンのコンビでコミカルな『Needing You（孤男寡女）』もジョニー・トー監督で、小気味良く微笑ましい作品でした。当時の香港のホットな場所やレストランでロケしているのも見逃せませんしね。例えばセントラル（中環）のお洒落なカフェやインド料理のレストランが出てきます。ラブ・ロマンスものでは円卓で飲茶という設定は少ないですよね。黒社会が出てくる作品では親分が高級な中華レストランで待っている場面が見られますが。ジョニー・

『過ぎゆく時の中で』

トーの作品では赤ワインを飲むシーンが見られますけど（『エグザイル／絆』ではウィスキー）、最近の香港人は飲むのかしら。そもそも香港人ってあんまりアルコールを飲まないなと思った記憶があるのですけど。ジョニー・トー監督ご本人が赤ワインをお好きなのは別として。

若い二人のラブ・ロマンスものでは、マクドナルドが出てきたり、セブンイレブンで飲み物を買って外で飲むような場面もありますね。『Needing You』でもう一つ心に残ったのは、オフィスビルの排気口を縦横無尽にカメラが移動する場面です。そう、ジャン・ギャバンとアラン・ドロンの傑作『地下室のメロディー』での排気口の中をアラン・ドロンが通り抜けていく場面が想起されます。こういうオマージュのシーンに遭遇すると、ニヤリとできて余計に楽しいです。

『**つきせぬ想い**（**新不了情**）』は良作ですね。主演は**ラウ・チンワン**と**アニタ・ユン**で、女医の役で**シルヴィア・チャン**もご出演ですが、アニタ・ユンのお母さんには**フォン・ボーボー**が広東オペラを自宅で教えているという役どころで登場。豪華なキャストです。ラウ・チンワンって強面なのにミニバスの運転手役の『**忘れ得ぬ想い**』でも『つきせぬ想い』も、ラブ・ロマンスでしっとりと味わい深い存在感がありますね。

下心が見え見えの男ではなくて日常の生活に問題を抱えながらもなんとか生きていこうとする中で、アニタ・ユンや**セシリア・チャン**（**張栢芝**）に出会う。最初は愛と呼べないような人助けだったり、ちょっかいを出し合っていたりするうちに、いつのまにか頼れる存在になっていて、ラウ・チンワンがいないと寂しくなってしまう女性たちが描かれます。**アンディ・ラウ**と違ってラウ・チンワンと一緒に行くのはお洒落なカフェバーではなくて、ローカル食堂のテイクアウトだったりするのも、これまた味わい深い。

それから秋のニューヨークロケが美しい『**誰かがあなたを愛してる**』は、**メイベル・チャン**監督、**チョウ・ユンファ**と**チェリー・チェン**（**鍾楚紅**）の二人で、喜怒哀楽のバランスが絶妙な作品です。

『誰かがあなたを愛してる』

この中のチョウ・ユンファはカッコいい男ではなく、チャイナタウンでギャンブルして食いつなぐショボいキャラクターで、髪もボサボサ。そう言えば『過ぎゆく時の中で』でもボサボサの長髪で女にもお金にもだらしない役柄で登場していましたね。『傾城の恋』では金持ちのプレイボーイで見た目は颯爽としていたから、チョウ・ユンファはラブ・ロマンスではしょぼくれるという法則は成り立ちませんが。

ニューヨークという異国の街で留学しに来た遠い親戚という女性を最初はお荷物に、そして少しずつ大切な存在として意識していく過程が繊細に描かれていました。香港映画のラブ・ロマンスものでは、これでもかと涙を誘うラストシーンが多い中で、この映画のラストシーンは、ほんわかする小気味よい印象だったのも良かったですよね。

ところで、香港のラブ・ロマンスが日本のトレンディ・ドラマと決定的に違うのは、若い二人が金欠状態なのが如実に描かれるところかと思います。『誰かがあなたを愛してる』でも香港の実家には心配をかけずに、でも現実問題としてお金が足りないという様子が切実に描かれていました。これは監督の実体験に基づく話だからかもしれませんが、経済的な問題をないがしろにしないからこそヒットしたし、日本でも受け入れられたのかなと思います。

お金に絡む話を全面に出すのは、**ウォン・カーウァイ**監督の『**欲望の翼**』でも感じられましたね。持ち合わせがなくて**マギー・チャン**が警察官の**アンディ・ラウ**にお金を借りたり、**ジャッキー・チュン**が愛する**カリーナ・ラウ**に車を売ってお金を渡したり。養母は**レスリー・チャン**を育てることで幾らの支給があったかと過去を映した場面もあって、とにかく事細かにお金について描かれています。『**2046**』に至っても然りで、近未来や小説の中の世界が舞台になっていようとも金欠問題はしっかりと描かれて、むしろ私には『2046』はお金と時間との貸し借りについて極めた作品ではないかと思えたほどでした。

『玻璃の城』

❖美山

なるほど、お金の問題はどの作品にも出てくる印象がありますが、ラブ・ロマンスものでも必ずといっていいほど物語の要素になっていますね。現実的過ぎて純粋なラブストーリーの雰囲気を壊しかねないですが、日々の問題としてそれを描かなければ物語が成立しないのかもしれません。軽やかなラブストーリー『Needing You』も女性は両親のマンションのローンがあるために会社を辞められないし、男性も優雅に見えてじつは必死に接待をして営業成績を延ばす努力をしています。『ラヴソング』に至っては香港に来たからには稼ぐしかないと、大陸から出て来た人を相手に、仕事に英語が必要だからと英会話学校に勧誘して紹介料をもらったり、かけもちでバイトをしたり、寝る間も惜しむような生活をしているなかでの出会いなんですよね。

その流れからいくとメイベル・チャン監督の『玻璃の城』は異色なのかもしれません。お金に苦労する姿はなく、むしろ裕福ですね。それはレオン・ライとスー・チー、二人の愛に集中して描きたかったからでしょうか。返還を迎える１９９７年の年明けとともに、ロンドンで二人の乗る車が暴走して事故死してしまう場面から始まります。70年代に二人は香港大学の寮で知り合うのですが、結ばれずに違う相手と結婚。時が流れて返還前に北京語の教室で再会します。返還のときにビクトリア・ハーバーに打ち上げられる盛大な花火と、それぞれの子どもが同じ湾から打ち上げる散骨の儀式が重なって、二人の物語は返還前の時代に始まり返還とともに昇華してしまう、それがなんとも哀しいです。

福岡で上映した当時は単なる甘いラブストーリーのようにしか思っていませんでしたが、観直してみると、取り壊される前に監督がフィルムに収めたかった香港大学の学生寮をはじめ他の古い建築も素晴らしいですし、大学生の二人が別れるきっかけとなった学生運動で当時の社会背景を知ることもできました。現在と過去が交差する描写も優れていて、『誰かがあなたを愛してる』でも感じたのですが、非常に丁寧に描く監督ですよね。

そういえば『誰かがあなたを愛してる』で、ブロードウェイに行きたいというチェリー・チェンを、ミュージカルなんてと「シャル・ウィ・ダンス…」を歌いながら茶化すチョウ・ユンファですが、まさかその10数年後にハリウッドで自分が『アンナと王様』に主演するなんて思わなかったでしょう！

また、恋愛ものといえば、小説家・アイリーン・チャン（張愛玲）の存在を忘れてはならないと思います。1920年に上海に生まれ、香港大学に学び、激動の時代を生きた彼女の作品は映画界にも大きな影響を与え、また彼女自身も映画に描かれているほどです。『傾城の恋』や『半生縁』などの作品は、原作を読んで彼女の世界観に浸ることができれば、もっと深く理解し楽しめるのではないかなと想像します。

第4章 アン・ホイからフルーツ・チャンまで

監督ごとにその映画について

上環の街

アン・ホイ（許鞍華）

❖林　2020年コロナ禍の夏のヴェネチア国際映画祭では、黒沢清監督が『スパイの妻』で銀獅子賞（監督賞）を受賞され、香港からは**アン・ホイ**監督が女優のティルダ・スウィントンとともに功労賞（名誉金獅子賞）を受賞されました。アン・ホイは素晴らしい方ですよね。お母さまが九州ご出身の日本人。現場ではどうか知りませんが、アン・ホイも大声で話しているのを見たことがありません。

アンディ・ラウの最も若い姿が映る映画は、『**望郷／ボートピープル**』だと言えるでしょうか。これはヴェトナムから命からがら脱出せんとする困窮を極めた人々を描く社会派ドラマで、緊迫感に溢れていました。同じく**コラ・ミャオ**（**繆騫人**）が出ている『**傾城の恋**』は**アイリーン・チャン**（**張愛玲**）原作のラブ・ロマンスで、ラストでは太平洋戦争が背景に描かれ、『**半生縁**』もアイリーン・チャン原作の映画化でしたね。1930年代からの上海を舞台に、時代に翻弄される男女のすれ違いドラマを**レオン・ライ**と**ン・シンリン**（**呉倩蓮**）が演じていました。

その後の作品の系譜は女性が主人公の作品が目立つようにも思えますが、手法の幅は広く、**『千言萬語』**のような1980年代の民主化運動を描いた社会派の作品から**『女人、四十。』『男人、四十』**をはじめとするしっとりと沁みるドラマもあれば、**『スー・チー inヴィジブル・シークレット（幽霊人間）』**はゴースト・ストーリー。底知れぬ許容範囲で、さすがです。そうかと思えば**『五福星』**のようなアクション・コメディに、レストランのレジカウンターで注文を聞く女性役でひょっこり出演していたりして。凄い人だけど親しみやすい感じがありますね。

❖美山

私が**アン・ホイ**監督を一番近くでお見かけしたのは、97年4月の返還直前に、香港科学館で3日間にわたり、これまでとこれからの香港映画を語るシンポジウムが行なわれたときでした。**アン・ホイ**監督もパネラーのお一人で、セッションが一旦休憩のときに、化粧室にあたふたと来られて「たばこ、たばこ」と焦っている素顔を拝見して、全く飾らず、威張らず、の姿が印象的でした。香港科学館って子どもたちでとても賑わっているんですが、そこのホールに監督や製作者などそうそうたる香港映画界のメンバーが集まり、返還前で関心が高かったのでしょう、海外の映画関係者やメディアも聴講者として多く出席していました。手元の資料を見ると、アン・ホイ監督は80年代の業界についてのセッションで**アレン・フォン**監督その他の皆さんと登壇されていて、同時通訳者には**リー・チョクトー**さんのお名前も！　当時の自分のド素人さを振り返ると、もっと面白く深

『客途秋恨』

く話が聞けただろうに、ああもったいないと思います。そもそも原題と全然違う英語題がついていることって多くありませんか。英語の同時通訳を聞いていて、作品名が羅列されると、もうそれだけでお手上げでしたから。

さてさて、まずは『**客途秋恨**』についてですが、母と娘の長年にわたる葛藤の物語です。

英国に留学していた**マギー・チャン**演じるヒューエンが香港に戻るところから始まります。母の葵子は日本人ですが、もともと親子関係がうまくいっていなかったことがわかります。ヒューエンが小さい頃、父は仕事で遠方にいて、祖父母と母と4人でマカオで暮らすのですが、溺愛してくれる祖父母になつけばなつくほど、中国人社会に馴染めず殻に閉じこもってしまう母を疎ましく思ってしまうのです。その後、父と妹と親子4人の生活になっても、母との距離は縮まらないままで、父も亡くなり妹が結婚すると、孤独を感じた母は日本に帰りたいと言い出します。そしてヒューエンは母に付き添って大分・別府の旅へ。異文化の中で言葉が通じない人たちに囲まれた疎外感を味わったヒューエンは、やっと母の苦労を理解します。ヒューエンはその後テレビ局に入りますが、なるほどこれで監督自身の経験をもとにした半自伝的作品だとわかりますね。ヒューエンと祖父との非常に近しい関係、それから葵子とその兄弟との懐かしいだけでは済まない関係など、非常に丁寧に描かれています。また、日本のシーンは日本人ならではの視点から観察してしまいますが、この作品の日本人はその振る舞いもセリフも非常に自然なのに驚き、ここにもきめ細やかな演出を感じます。まだまだ他の作品もおしゃべりしたいのでこのへんにして、林さんが次に挙げたい作品はどれですか。

❖林

『**女人、四十。**』は、ベルリン映画祭で**ジョセフィン・シャオ（蕭芳芳）**が女優賞に輝きました。彼女を一度だけアイランド・シャングリラ・ホテルの小さなコーヒーラウンジでお見かけしたことがあります。気品があって美しい、子役から大成したスター。この映画の中でジョセフィンは40代の女性です。息子は成長して手がかからなくなっているけど、仕事もしながら家事も切り盛りしていると、義父がアルツハイマーだとわかり、日常がより多忙になっていく話。映画はそれをコミカルに明るく描いていていました。

『女人、四十。』

音楽で抒情的に盛り上げるような演出はしていないのですが、ほとんど音楽を使っていないながら、数カ所だけ大友良英さんによる素敵なメロディーが流れましたね。

香港のタクシーは値段も安くて便利だし、映画にもミニバスと同様にしばしば登場しますが、中心部を走るのは真っ赤な車体で、新界の地域では緑色です（ちなみにランタオ島は青色で、マカオのタクシーは黒色と黄色）。この一家の住んでいる家の下を走るタクシーは緑で、香港中心地の高層ビル地域からは離れた郊外に住んでいるのだとわかります。

地元のお祭り、ランタンフェスティバルの場面で夫と一緒にジョセフィンが踊りますが、それがまた美しい。義父の世話が増えて一層多忙になる女性の日々を陰鬱にせずに描き出している素晴らしい作品です。

『女人、四十。』に呼応するタイトルの『**男人、四十**』は、タッチががらりと変わってしっとりした作品。妻帯者である高校教師が、教え子の女子高生に心を動かされてしまいます。主演は四天王の一人、**ジャッキー・チュン**が演じていました。ある時ふと女子高生が音もなく近寄ってきて、プラスチックのコップに入った先生のジュースを彼が使っていたストローでおもむろに飲むシーンがあって、ただそれだけのことなのに観ている側もドキドキしてしまう。揺れるのは乙女心だけではなくて四十の男にもあるのでしょうね。当然〈四十にして惑わず〉という孔子の論語の一節を意識して作っていると思いますが。年をとってから観ると、余計に心に沁みてくるのが**アン・ホイ**作品の繊細な演出です。この映画は、じつは我らが**ユエンリン**の出演している唯一の作品でもあります。

❖美山

どちらも良い作品ですね。私も『**女人、四十。**』の中の夫婦で踊るシーン、大好きです。お互い疲れて言い合いが増えても、きっかけとか弾みで相手を許せて、夫婦や家族の絆が感じられる、そんな場面ですね。ジョセフィンがやっと出社すると、北京語が話せて、パソコンを使って事務を一新させ、しかも美人なスタッフが入社して幅を利かせているなんて、踏んだり蹴ったりですよね。それでも明るく臨機応変な**ジョセフィン・シャオ**が魅力的です。香港人のパワフルな気質にかかると、介護問題もこんなふうに語れるんですね。

『**男人、四十**』の音楽もとても素敵でした。必要最低限に留めているけど心に残る旋律です。
この作品を代表して福岡に来てくれたのは、女子高生役の**カリーナ・ラム**（**林嘉欣**）でした。それはもう可愛いながらも聡明な感じで、そして何より気さくで映画祭の事務局にもよく顔を出してくれました。**ジャッキー・チュン**の妻役は**アニタ・ムイ**でしたが、これが彼女の遺作になるんでしょうか。息子の演技もとても良かったです。
じつはこの夫婦にはある事情があって、それが物語をグッと深く見せてくれます。そこには20年経っても忘れられない、夫婦の高校時代の恩師の存在があり、その先生の影響で漢詩の世界に魅せられ同じ職業についた夫と、先生を慕っていた妻との間には、消せない滲みのような痛みがあります。日本人の私には、家族で鑑賞する李白の詩やその舞台となった景勝地・長江三峡への想いを共有できることもなく、もっと深遠なところまでこの作品を理解できないのが少し悔しいところです。

❖**林**
『**桃**（**タオ**）**さんの幸せ**』はヴェネチア国際映画祭で**ディニー・イップ**（**葉徳嫻**）が女優賞に輝いた作品ですが、これまた素晴らしくて、リアルを追求するチャレンジを至るところに見ることができます。実話をベースにしていると冒頭にありましたね。

桃さんは事情があって十代の頃からロジャーの一家の家政婦として60年余り仕えています。ロジャー役が**アンディ・ラウ**。彼は映画業界で仕事をして桃さんと二人だけで実家住まい。他の家族は海外に移住しています。桃さんが食事の世話から何から一切の家事を取り仕切ってくれて、それを当然のように享受しているロジャー。だって生まれた時から桃さんのお世話になっているのだから。その桃さんが脳卒中で倒れてしまうことでドラマが進み、ロジャーは桃さんがどれだけこの一家にとって大事な存在かを思い知り、桃さんのためにできる限りのことをしてあげます。

『桃(タオ)さんのしあわせ』
＜スペシャル・エディション＞Blu-ray：2,381円＋税
DVD：1,429円＋税　発売中
発売元：ツイン
販売元：NBCユニバーサル・エンターテイメント
*2021年3月の情報です。

この映画が凄いのは、桃さんが脳卒中で倒れた場面は映さない。他にも普通の映画だったらもっとドラマチックに、そしてもっとセンチメンタルにできそうな場面は決して映さないのです。そしてロジャーの友人たちが桃さんにお見舞いの電話をして、如何に桃さん

が作ってくれた美味しい手料理を友人たちがご馳走になっていたのかとか、かつてロジャーが入院した際には桃さんがどれだけ献身的に介護をしてくれたかを、さらりと観る側にわからせてくれます。

ロジャーが仕事で関わる人たちとの打ち合わせに**ツイ・ハーク**や**サモ・ハン**が本人として出演したり、映画の完成披露試写会では**レイモンド・チョウ**（**鄒文懐**＝ゴールデン・ハーベストの会長だった映画プロデューサー）の姿も垣間見られて楽しめますね。血縁でないけど掛け替えなき家族である桃さんを、ロジャーが献身的に世話していく時間の中での、桃さんとロジャーとの距離感の描写が心に沁みます。経済的な援助を桃さんが固辞し続ける姿。でも家の内部のことは誰よりもよく知っている。食事の場面でも、二人は一緒に食卓を囲みません。家族同様だけれども家族とは違う人間関係。ロジャーの母親や妹の言葉から見えてくる一家の歴史。**アン・ホイ**の演出には唸るばかりです。

加えて桃さんが入る展開となる老人ホームにいるさまざまな事情を抱えた人たちや、その施設のスタッフの生き様にも見ごたえがあります。ホームにボランティア活動で訪問して来る組織の人たちも。香港は長生きの多い街ながら、それぞれに問題を抱えている様子がさらりと描かれて、胸に突き刺さります。香港は湿度の高い街ですが、アン・ホイは高齢化社会の現実をじめじめとは決して描きません。撮影をジャ・ジャンクー（賈樟柯）作品でも有名な**ユー・リクウァイ（余力為）**が担当し、そしてアンディ・ラウがこの映画の製作総指揮に名前を連ねているのもうれしい限りです。こういう奥深いドラマを製作なさる香港大スターって、素敵。私には『**インファナル・アフェア**』のアンディ・ラウよりも、この映画の製作総指揮のアンディ・ラウのほうが、ずっとカッコよく思えます。

❖美山

いやもう本当に、この作品を製作し主演した**アンディ・ラウ**に拍手です。作品の中では映画製作者といっても華やかな感じは一切なくて、いつも地味なジャンパーを着ているせいで、配管工事の人とかタクシーの運転手さんに間違えられたりするのも、映画界の皆さんの実際のエピソードがあるのかもしれませんね。試写会の場面では、ほかにも中国のニン・ハオ（寧浩）監督や香港のベテラン女優**ロー・ラン（羅蘭）**もご本人役で出ていて、仕事場でのロジャーを見て桃さんはきっと誇らしく思ったでしょう。それから、中秋節の場面もありますが、お中元とかお歳暮感覚でしょうか、みんなで月餅を贈り合うので街が月餅一色になるのも中華圏ならではの文化ですよね。ロジャーの家族が、暑いときは桃さんが羅漢果水を作ってくれたわね、と思い出すひと言からも、桃さんが家族にとってどんな存在だったかわかりますし、香港の暮らしが垣間見られます。老いることや人との別れなど、ひとつひとつが淡々とリアルに描かれているからこそ胸を打つし、血縁でなくてもこんなにつながり合えるのかと、今思い出してもグッときます。本当に素晴らしい作品です。

『**生きていく日々**』も同様に家族の在り方を考えさせられる秀作でした。香港新界のニュータウン・天水圍の公団で暮らす母クイと高校生の息子ガーオン。近所のスーパーの青果売り場で働いているクイは、同じ団地に越してきた老女と顔見知りになり、息子を使って荷物を運んであげたり、電球を替えてあげたりしていくうちに親しくなっていきます。老女はひとり娘を亡くして血縁は孫しかいないのですが、再婚した娘婿のところにいるので会いづらい。そんな老女を思いやり慰めていくうちに、３人家族のようになっていくという物語です。

ごく普通の暮らしの中から見える風物がここにもいろいろとあって、青果売り場で軍手を使ってドリアンを切る様子にはなるほどと思いますし、中秋節の月餅はそれこそ日本のクリスマスケーキのように引換券を持って取りに行くことがわかって面白いです。入院している母親が、病院食が食べたくないから燕の巣入りのお粥を持ってきてなんて言う可愛いわがままぶりも、誰かの誕生日になると集まって麻雀を打ち、食事をする二人の弟とその家族とのつきあいも、ごく普通でリアルです。邦題、原題そして英語題が三拍子揃ってぴったりの、〝日々の暮らし、ありのまま〟が描かれています。クイは、苦労してきたはずなのに愚痴もなく淡々と毎日を暮らし、ガーオンは今時の青年なのかなと思いきや素直でとても良い子で、孤独な老女を二人が温かく思いやる姿もとても自然で、家族に血の繋がりなんて関係ないことが静かに伝わってきます。
それから、郊外の新界ですからやはりタクシーは緑色なんですが、**アン・ホイ**監督の作品は、舞台が大都会・香港ではなく、人々の暮らしそのものが感じられる郊外の住宅地が多いですよね。派手さのない、心に沁みる作品をこれからも撮っていただきたいです。

❖**林**
ところで、香港人ってどうして長寿なのでしょうか。食べ物が美味しいから？　ずっと不思議に思っているのです。空気だって決して良くはありません。空港に降り立った途端に香港独特のニオイがしますよね。中華食材や乾物、スパイスか薬膳、あるいはお茶のニオイなのかしら。香港人は太極拳や麻雀をよくやっているから老化が防げるのでしょうか。確かによく見かけましたが皆がやっているわけではないし。大気汚染も農薬問題も、そして街の騒音の凄さもありながら、それでもなおかつ長寿というのは果たして何故か。ショウ・ブラザーズの創立者、**ランラン・ショウ（邵逸夫）**が亡くなったのは１０６歳。凄いです。
住み始めた頃は、香港人っていつ寝ているのだろうかと疑問に思ったものでした。夜中まで麻雀しているかと思えば、夜明けには公園で太極拳。スペインみたいにシエスタしているのかな、とか。少ししてわかってきたのは、何種類かの生活様式があるということでした。ある人は早起きである人は宵っ張り。学校も土地が狭いせいなのか2部構成になっているのですね。午前組は朝早くから、午後組は入れ替わって登校するように。だから早起きの子供もいればお寝坊な子もいて問題ないわけです。

❖美山

夜遅くにユニクロのような大きな店舗に入って、店員さんに何時までですかと聞いたら、23時までだと元気に笑顔で答えてくれたんですが、時計を見るとすでに23時半だったことがありました。お客さんが入ってくる限り、閉める気はないのかしら。早朝から夜遅くまでパワフルな街なので、こちらも休まずに楽しんでしまいます。

世界の国・地域の中で、4年連続で男女ともに世界一長寿なのが香港なんですよね。男性の平均寿命が82歳、女性が88歳。持論ですが、その秘密は絶対スープにありだと思うんです。映画にもよく出てきます。「スープがあるわよ」とか「スープだけは飲みなさい」とか。急須のような形をした大きな鍋（**ジョニー・トー**の『**エグザイル／絆**』でこの鍋に弾が当たるシーンがあります）に肉や漢方を入れて作りますが、これが日常当たり前にあって、まさに医食同源、身体にとてもいいはずです。

福岡でも、香港人女性の料理人の方が、更年期で体調がすごく悪いときにどんな薬も効かなかったけど、漢方ですっきり治ったとおっしゃって、お店にクコの実やなつめの入った瓶を並べて、薬膳料理のメニューを始めていました。香港はあれだけ乾物屋さんがありますから、独特の香りが空港にまでも届いているのかもしれませんね。

ほかには亀ゼリーがありますね。聞くとギョッとする人も多いかもしれませんけど、私はなぜか抵抗なく、街角の亀ゼリー屋さんで香港に来たことを実感するためなのか、さも当然のように食べます。亀の甲羅の裏のコラーゲンと漢方薬でできている黒いゼリーで、体を冷やす効果があるそうですが、そのレトロな器が雰囲気があっていいんです。『**イップ・マン 最終章**』では、師匠が弟子に気分がすっきりするから食べなさい、と勧める場面がありますが、昔の冷蔵庫なのかそれは立派な金色の釜から器ごと亀ゼリーが出てきて面白いです。

街角のドリンクスタンドでも、体を冷やすのか温めるのか、あるいは特定の効能があるお茶が気軽に選んで飲めるし、日々身体にいいものを口にしている香港人、寿命が長いのも納得できませんか。

ヨン・ファン(楊凡)

❖**林**　独特の美的センスをお持ちの監督。最近ではトロント映画祭でお会いしました。長いキャリアのある人だけど、初期の頃はアンディ・ラウとか美しい男性達の写真集を出したりして、写真家としてもご活躍だったはず。ヨン・ファン作品もベルリンやヴェネチアをはじめ世界の映画祭でも上映されていますね。香港国際映画祭で一緒に審査員をした機会がありました。貴重なチャンスをくださったジェイコブに心底感謝。楽しくて素敵な日々でした。

セントラル（中環）のヒルサイド・エスカレーターの近くに事務所があって、多分ノーマンがあの辺りを一緒に散歩していたついでに連れて行ってくれたと記憶していますが、白を基調にすっきりとしたオフィスの壁面には、アンディ・ラウの美しい写真が飾ってありました。御自宅もとっても素敵な場所にあって。掛け軸など美術品がいっぱい飾ってある、落ち着いて上品な内装のお家。大きな花瓶には美しい花々が芳しい匂いを放ち、隅々まで彼の美的センスが光っている。美術品を収集したり、アートディーラーでもあると聞いた記憶がありますが、いわゆる目利きでいらっしゃるのが良くわかります。

そもそも香港人って、総じて建物の外観にはあんまりこだわらないように思います。ワンチャイ（湾仔）辺りもそうですが、外壁が剝がれ落ちたり色褪せているのが見えますよね。ミッドレベル（半山区）やビクトリア公園の北側などの高級高層ビル辺りまで行けば、新しくて綺麗なビルが立ち並んでいますが、商業地のビルを見上げると哀愁が感じられ、外見をあまり気にしていないように見えます。ところが中に入るとそれぞれのお家は個別に修復を細やかにしてあって、豪華で綺麗だったりする。不動産価値の査定の仕様が日本の感覚と少し違うのかな。中身が重要。

香港島だと九龍側に面している場合は、眺めのいいシービュー、いわゆる海が見えるというのは北向きになりますね。蒸し暑い日々が多いから北向きはメリットなのかも。どうせ洗濯物は干しても湿度が高くて簡単には乾きませんから乾燥機活用になるし。それでも部屋に窓があるのが大事らしく、各部屋に窓を設置できるように設計されたビルが目立っていました。ヨン・ファンのお宅は、中心地にあるのに静かだし落ち着いた雰囲気で、その上テラスも広くて美しいものに囲まれた本当に素敵な所でした。

さて、審査員は審査対象作品を数日かけて観続けて、授賞式に間に合うように審査会議をするのですが、作品が多い場合には途中途中でミニ会議を重ねる場合もあるし、授賞式の前日に一回の会議で結論を出す場合もあるし、さまざまです。審査委員長の意向もありますしね。記者会見や取材などがなくて普通に映画を観るだけの日でも、**ヨン・ファン**は毎日おしゃれなのですよ。パシュミナのスカーフを首に回したりして、それが似合っていて素敵でした。確かに香港の映画館はエアコンが強くキンキンに冷えていて寒いので、スカーフとか上着がないと『八甲田山』状態になります。途中でうっかり寝たら死ぬぞって感じ。これは香港に限らず、台湾もシンガポールも映画を観るのに厚着を準備しないと大変です。

香港国際映画祭の会場は、香港島にも九龍地区にも点在しているから、移動に時間はかかってしまうけど、それがまた楽しいのですよね。スターフェリーに乗って大劇場から市役所のホールへ走ったりして。美山さんも香港国際映画祭は常連参加でいらしたでしょう。審査会議が無事に終わってから、ヨン・ファンが関係者を招いてご自宅でパーティーをしてくださいました。その時もう一人の審査員はフィリピンのブリランテ・メンドゥーサ監督。他に映画祭関係者も20人以上は集まったかな。

その時に忘れられないのが、フィリピン家政婦さんが腕を振るってくださったエビのすり身トーストです。自家製の絶品でした。このメニューは業界人の中でも既に有名だったみたいです、ヨン・ファン監督のお家にお招き頂いたら食べられるって。ドメスティック・ヘルパー。フィリピーノに香港人は大いに支えられていて、うらやましい限りです。香港人がおしなべて夫婦共働きで、高い家賃の住居に住んで、子供の世話も掃除も食事の支度も、日曜日以外は全て家事を任せられる。中には子供一人に一人ずつ雇っている家庭もあったし。日本に戻ってから区役所に香港のように外国人ヘルパーさん制度の予定がありませんかって聞いてみたら、窓口のおじさんは、フィリピーノは日本じゃ夜の店で稼いでいるでしょって、さっぱり話がかみ合いませんでした。香港は最近ではインドネシアからの出稼ぎのヘルパーもかなり増えて全体の半分位を占めているとニュースで見ましたが。

❖美山

審査員をされる度に素敵な経験を重ねていらして羨ましいです。ヨン・ファン監督のお写真を見ると、なるほどエピソード通り、とてもおしゃれな方なのがわかります。

お世話をする立場から審査員の皆さんを見ていると、初対面の人もいるので一緒に映画を観たり合間に軽食を取られても、何かしらまだ雰囲気が固いのですが、日を追うごとにひと言ふた言会話が増えていきます。それで審査対象の作品についてちょっと話をしたところ同じ感覚をお互いにもっていることがわかると、その日から空気がガラリと変わって急におしゃべりが弾む仲になるのを観察するのは面白いです。そして緊張の審査会を迎えるわけですが、林さんは審査をお願いする映画祭の代表としても、招かれた審査員としても、大変な、しかし楽しい体験をおもちのことと思います。晴れて結果が決まると一気に緊張が解け、食事に行くことも多いと思いますが、ヨン・ファンさんも、地元の審査員として皆さんにおもてなしをしてくださったのでしょうね。ちなみに、エビのすり身トーストは、長崎に〝ハトシ〟という同様のスナックがありますがご存じですか。中華街の屋台などで買えてそれはそれはものすごく美味なのですが、長崎では給食でも出るそうです！　そのハトシ、なんと由来は広州でした。蝦多士と書いて、蝦（ハー）は広東語でエビ、多士（トーシー）は英語のトーストです。長崎に行かれると思い出の味に出会えますよ。

フィリピン出身の家政婦さんたちの存在は非常に大きいですね。日曜日は仕事が休みなので、早朝からセントラル（中環）はフィリピーノで埋め尽くされていました。母国語で一日中お喋りするのが彼女たちにとってリラックスできて最高に楽しいのでしょう。香港映画の中にも家政婦さんとして登場するシーンはありますよね。林さんのお宅にお邪魔したときも、フィリピーノの方がいらしたのを覚えています。確かにその後状況が変わって、スターフェリーをセントラル（中環）で降りたところからションワン（上環）方面へ延びる高架の歩道があるのですが、そこにはインドネシア人の家政婦さんたちが集まり、段ボールでこしらえた即席の部屋が延々と続いていて驚きました。そこで女性たちは日が暮れるまで過ごしていました。中心から離れた住宅地の公園に集まってコーラスをしているのを見たこともあります。

確かに、映画祭の会場が点在しているとストレスになりますが、不思議と香港では全く感じませんでした。移動中に周りの景色を見るのが楽しいですし、蒸し暑ければタクシーも安くて拾いやすいですものね。私はスターフェリーが心底好きで、チムサーチョイ（尖沙咀）とセントラル（中環）を結ぶ10分足らずですが、洋上からの生ぬるい風に当たりながら絶景を堪能できます。スターフェリーの乗員のおじさんたちは星のついたセーラーを着ていて、長い木の椅子が並ぶ船内もレトロで旅情を誘います。ヨン・ファン監督の世界とは真逆で恐縮ですが、『**コールド・ウォー香港警察 二つの正義**』を観ると、セントラルの乗り場へ行く道や、もうすぐ船が出ますよ、のベルが鳴って搭乗口へと下るボコボコとした突起のある通路、セーラーのおじさんたちの姿、そして九龍側のチムサーチョイに着くところまでの様子がわかります。

上環の街角

林さんのお宅に伺ったときも除湿器がたくさん要ってすごいのよ、と言われていましたが、12月から1月に少し風が出て肌寒くなるくらいで、常に湿気が強いですよね。年間を通してエアコンは17度に設定されていて、冷やすことがサービスだと聞いたことがあります。しかし劇場内はまさに八甲田山状態、私も何度か死にかけました。

❖林

そうそう、スターフェリーのセーラー姿のおじさんは忘れられませんね。最近では埋め立てが進んで、セントラル（中環）の発着所が変わりましたが、ワンチャイ（湾仔）にあるスターフェリーの発着所も風情がありました。スターフェリーはずっと残っていてほしい香港の大事な存在です。ミニバスを乗りこなすのは難しいけどスターフェリーなら誰でも利用しやすいですし。

長崎の「ハトシ」。知りませんでした。九州は早くから周囲の国々とも交流があったでしょうし、フィリピンも海鮮類は豊富ですしね。香港は食べ物の話を始めたら尽きることがありません。

さて、**ヨン・ファン**映画。やはり一本選ぶとしたら、私には『**華の愛　遊園驚夢**』です。宮沢りえさんがモスクワ国際映画祭で主演女優賞を受賞した作品。宮沢りえさんは圧倒的に美しいのですが、彼女のみならず、『**チャイニーズ・ゴースト・ストーリー**』のジョイ・ウォン（**王祖賢**）の男装麗人の艶やかさも、**ダニエル・ウー**（**呉彦祖**）の姿もこの瞬間が映画に残っていて良かったと思えるほどに美しいし、俳優だけの美しさではない映画の美術の美しさを堪能、満喫できる宝箱のような映画だと思います。

時は1930年代の中国。映画の前半は大富豪の第5夫人のジェイド（宮沢りえ）がきらびやかな屋敷の中で自由のない籠の中の鳥のような生活をしている様子が描かれます。彼女の孤独を癒す支えが、ジョイ・ウォン扮するラン。後半は幼い娘と共に家を出てきたジェイドをランが引き取って生活する様子が描かれます。耽美、倒錯、退廃的、幽玄的、瞑想の中のような世界を覗き見ることができる。

すべてがヨン・ファンの美的センスの下に、綿密で繊細に計算されて作りこまれている感じ。枯葉までも紫煙までも窓枠から見える雪ももちろん、暖炉で燃える火でさえも、映るもの見えるもの全てに隅々まで心遣いが行き届いている。それはまるでヨン・ファンのお眼鏡に適った物だけが、緻密にコントロールされて映し出されているかのように。凄いなあ。セリフで説明せずに美術で見せる。ヨン・ファンだとその方法で説得力がある。さすがです。

今思い返してみると、**ヨン・ファン**のお宅の雰囲気がこの映画の後半で舞台になるジョイ・ウォンの住居の色合いと似ていたなと思うのです。もちろん間取りなどはまるで違うし、私の倒錯めいた勘違いかもしれないのですが、室内を飾る大きなお花と花瓶、美術品の品々などの落ち着いた風合いに共通点があるような記憶が、ふと思い出されました。おそらくヨン・ファン御自身がこの映画の時代をお好きで、室内も趣味の世界が反映されていたのではないかな。映画から彼の審美眼を通した中国の美術文化を味わえるようで、前半の富豪の屋敷の豪華さもさることながら、後半のしっとりした展開にこそ奥深い味わいがあったなと私には思えます。

この映画はアン・ホイがプロデューサーと出ていますが、『**美少年の恋**』は**シルヴィア・チャン**がプロデューサーでしたね。アン・ホイの『**客途秋恨**』は**キン・フー**がプロデューサーだったし、**スタンリー・クワン**の『**ルージュ**』は**ジャッキー・チェン**がプロデューサーで、香港映画では巨匠や大スターが製作に関わるケースがかなり頻繁に見られて気になるところですが、この辺りについてはまたいつか。

ジェイド・マーケット(玉器市場)

❖美山

『**花様年華**』と同様、チャイナドレスや美術の美しさには息を呑みます。構図を見ていると祭壇画のような場面もあって、監督のこだわりが凄すぎて唸ってしまうほどの、美を追求し尽くした作品です。

ジェイドの中国名は翠花となっていて、翡翠の花を連想します。翡翠は緑色ですけど濃淡いろいろな種類のものがあって、本当に美しい石なので私も大好きなんですが、中華圏の方は成功と繁栄をもたらすと言われていることから、翡翠のブレスレットをよくされていますよね。デパートにもずらっと並んで売っていますけど、ヤウマテイ（油麻地）のジェイド・マーケット（玉器市場）は高架下にある庶民的な市場で、小さなアクセサリーから大きな彫刻まで所狭しと商品が並んでいて結構面白いです。人生に幸せをもたらす名前をもつ彼女が、美貌や歌の才能に恵まれ名家に嫁いでも、なぜか最初から不幸になることをわかっていて、生きていくことをもう諦めているように見えるのが哀しいです。

林さんのおっしゃるように、後半の住居は違う趣があって、ウィリアム・モリスの檸檬の樹のデザインのような壁紙があり、少しヨーロッパの雰囲気も出ていますよね。富豪の邸宅ほどはなくても十分に贅沢な暮らしのようで、それを捨てられないランが、自分が偽善的で許せない、と言うセリフが印象的でした。教師としてこれからの時代に独立した女性を目指そうと生徒を応援しながらも、自分は変わることができないままでいる。ランは普段は、ジェイドとは対照的に黒やグレイのモノトーンのチャイナドレスを着ていますが、それもとてもシックで素敵でした。

麻雀と京劇って、どの時代設定でも繰り返し、本当に頻繁に出てきますよね。ここでは麻雀は上流社会の社交場で必須のものだったことがわかりますし、京劇の曲を聴けば、あの演目かとみんなが口ずさむ。それは今でも続いていて、学生や家族で集まって麻雀を打ったり、公園で京劇の曲を演奏したり歌ったり、日本の麻雀や歌舞伎と違って何だかすごい一体感だなと少しうらやましくもなります。そういえば、映画に出て来た「林冲夜奔」という演目は、まさしく『夜奔』という台湾映画の秀作もありましたが、男性が一人で歌い舞う難度の高い、人気の演目なのだそうですよ。

メイベル・チャン(張婉婷)

❖林

メイベル・チャン監督にも出演作がありますね。**ジャッキー・チェン**が別々に育てられる双子を演じた『**ツインドラゴン**』で、育ての母親の一人の役で。この作品は映画監督協会の協力の下、香港の監督達が何人も出ていて、その中でもメイベル・チャンがアル中の夜の女風にすさんだ感じで登場する場面が弾けていて、大爆笑でした。監督としてのラブ・ロマンス『**誰かがあなたを愛している**』や『**玻璃の城**』、そして『**宋家の三姉妹**』の他にも、**サモ・ハン**、**ユン・ピョウ**、そして**ジャッキー・チェン**が幼き頃に学んだ中国京劇学校を舞台にした『**七小福**』の脚本と製作総指揮をされていました。

『**七小福**』は、サモ・ハンが実在の京劇学校のユウ先生を演じた秀作です。コミカルなタッチを押さえた心に沁みるドラマ。サモ・ハンがあこがれる中年の女性役を『**大酔侠**』の**チェン・ペイペイ**がしっとりと演じているのも味わい深いし、神気迫った『**霊幻道士**』の**ラム・チェンイン**(**林正**

英）とサモ・ハンとの絡みも胸に響くし。厳しい訓練に切磋琢磨する子供たちの映画というよりそれを見守る大人たちの映画で、素晴らしいと思います。最初にジャッキー・チェンと思われる子供が親に連れられて学校に来て、絶命しても責任は問わないという契約書を書いて10年契約で入学します。柔軟体操300回とかの鍛錬。隣にはガリ勉している子供が住んでいて、先生は、「学者は3年頑張ればなれるけど、役者は10年はかかる」と説いたりします。

サモ・ハン達が10歳の頃だから60年代の香港が舞台で、当時はまだホール・ケーキは限られた洋菓子店で何日も前に予約しないとならなかったエピソードが出てきます。マドンナのお誕生日のために街中を捜しまわった挙句、ユウ先生がやっと見つけたケーキは、70歳の誕生日用に予約してあった人が死んでしまってキャンセルとなったものだったという話で、この場面の人物たちの反応が秀逸でした。ほっこりと苦笑いと言ったらいいのかな。ケーキが手に入って良かったけど、知らない人とはいえ亡くなった人のおかげで入手できた悲しみの上の喜びが、細やかに描写されていました。

そして忘れられないのがユウ先生が飼っているカメ。部屋のベッドの脚の長さが合わずに、カメを短い一つの脚の下に差し込んであって、何年も経った後ラストに至ってカメが放たれる。もちろんカメは自由なく修練に勤しんでいた京劇学校の子供たちの象徴でしょう。サモ・ハンが寝ていたのですから、相当に重かったはずの脚の一部役を担わせられていたカメが、そこから外されて動き出すシーンは感動的でした。監督は**アレックス・ロー（羅啓鋭）**。『宋家の三姉妹』では脚本を担当していますが、私はメイベル・チャンの関わられた映画の中で『**七小福**』が一番好きです。

『**宋家の三姉妹**』は、女性を主役に配した伝記映画。メイベル・チャンが監督です。一人はカネと、一人は権力と、一人は国家と結婚したと言われる名家である宋家の三姉妹の話で、**ミシェル・ヨー（楊紫瓊）**が長女、**マギー・チャン**が次女、**ヴィヴィアン・ウー（鄔君梅）**が三女を演じている歴史大作。一番怖いセリフは「男に運をもたらす女は自分が不幸になる」という三姉妹の母親が言うものでしたけど、辛亥革命、満州事変、と中国の歴史を駆け足で追えて、ワダ・エミさんによる豪華な衣装も見ものでしたね。ポニー・キャニオンとフジテレビが製作に入っている香港と日本の共同製作です。

この映画の中で中秋節に上海の長女の家で家族が集まって食事をする場面がありました。中秋節と言えば月餅（げっぺい）ですよね。香港でも9月も半ばを過ぎるとパン屋やお菓子屋でも月餅が所狭しと並びます。この映画の中では戦火の中で材料が入手しにくくなり、月餅が小さくなったと言及していましたが、月餅って満月に見立てた形でナッツ、蓮の実、ゴマ餡、小豆餡などが入っているヘビーなお菓子で、そもそもたくさんは食べられないです。

そして彼らが上海蟹を食しているのを見て、香港でも秋になると街で上海蟹がたくさん売られるのを思い出しました。料理店でもメニューに出ますが家で調理することもできて値段も手頃。オスとメスで時期も味も異なり手のひらに乗るくらいのもので15分ほどの時間をかけて蒸します。香港グルメを季節にこだわると奥が深いです。私が最も美味しいと感動したのは黄油蟹という真夏だけの蟹で、この甘みといったら絶品でした。でも最高に蒸し暑い8月の香港に行くのは正直言って難儀ですけど。

❖美山

ドイツのホワイトアスパラを思い出しましたけど、月餅も上海蟹も、季節のものって街の景色を変えるので、旅していてその土地の旬のものに出会うと嬉しいものです。林さんはお料理がお上手で、3年もお住まいだったので、旬の食材も生活に密着した懐かしい思い出として残っていることと思います。

『宋家の三姉妹』の衣装デザインのワダ・エミさんとは、テヘランのファジル国際映画祭の審査員でいらしていたときにお会いして、お話をする機会がありました。この作品のガーデン・パーティーの場面では、薔薇の生花を毎日調達するのが大変だったと言われていました。宗家は大富豪ですから、普通はもっと贅を尽くした服を三姉妹に着せて作品を盛り上げそうですが、チャイナドレスも洋服も派手さを少し抑えた感じで、それがかえって当時の雰囲気をリアルに伝えている気がします。

家族の反対を押し切って駆け落ちする**マギー・チャン**は軽やかに走って出て行きますが、追いかける老女の足は纏足で速く走れません。時代が変わっていくことをうまく象徴していて、衣装や演出の細部にまで製作者側の気持ちが込められていますね。

『七小福』はしみじみと良い作品で、あのスターたちがここから出発したのかと思うと泣けてきます。京劇学校の子どもたちは楽しいことも悪さをするのもいつも一緒。スイカひと切れを分け合って皮に近い部分まで食べるところも、かわいそうというより微笑ましいです。彼らの行儀の悪さによくガリ勉君の父親が乗り込んできますが、旧正月に息子の花火をくすねられても、おめでたい日だからと穏やかに見守る姿に心が温かくなります。**サモ・ハン**と**ラム・チェンイン**が素顔で演じる「覇王別姫」も心を打ちます。それから、あれ、このおじさん誰だっけ?と思ったら**『五福星』**の**ジョン・シャム（岑建勲）**でした。香港映画はゲスト出演が結構多くて楽しいですよね。

行政からの通達で学校の建物が壊されることになります。師匠が香港を離れるときに「未来は自分の努力次第」という言葉を残す相手が、将来映画界を背負って立つサモ・ハンたちなんですから、なんともたまりません。遺産として残すべき建築物が壊される話は、後の『**玻璃の城**』と同様にメイベル・チャンの心を捉えたのではないかと推測しますし、個人的に非常に共感するところです。

シルヴィア・チャン（張艾嘉）

❖**林**

台湾出身で、歌手としても脚本や監督も製作もなさるマルチな才女で素敵な方。ジャ・ジャンクー監督の『**山河ノスタルジア**』で、ちょっと久々にスクリーンで拝見したなって思いました。この映画の役どころも**シルヴィア**だからこそと思います。息子くらいに年下の青年から慕われる役。シルヴィアが演じるとすんなりと納得できる説得力があって感激しました。それと同じ頃に『**あなたを、想う**』を監督されて、想いに溢れた力強さがあってフィルメックスでご紹介しました。その後『**妻の愛、娘の時**』を監督・主演なさって。こちらはスケールの大きな家族の話で、田荘荘監督が夫役でいい味出していらっしゃいましたよね。

大スターだけど、いつまでも可愛らしい。無理しているのではなくて、とても自然体でいらっしゃるというか。逆に言うと、自信がない映画人って自分を大きく見せようとしたり、大げさに周囲を振り回したりしませんか？　シルヴィア・チャンはそれとは対極。輝ける美しさでバッチリメイクをしている時より、普通にいらっしゃるほうがずっと美しい。フィルメックスでも控室で優しくお喋りしていてご登壇の直前に、大抵の女優だったら大きな鏡のある部屋へ移動してメイク直して準備をするでしょ。ところが彼女は鏡も見ずにポーチから口紅を一本出してスーと引いたらそのまま舞台袖へ。それがあまりにも自然でカッコいいのです。待ち合わせの時間にも誰よりも早く来て静かに待っていらっしゃる。**シルヴィア・チャン**を女優の枠でとらえたらいけないなって思いました。製作者であり、映画監督。大きい意味の創り手でいらっしゃる。北京語も広東語も英語も流暢だし、幅広くさまざまな形で彼女と仕事をしたいと願う映画人は多いはずです。

プロデューサーで長年シルヴィアをアシストしている**パトリシア・チョン（荘麗真）**は香港人ですが、宣伝や取材用の写真も全部チェックして、スケジュールの管理から映画祭の出席などなど事細かく窓口となって仕切っていらして完璧な秘書役も担っていらっしゃいます。物静かでキリリとした素敵な女性ですね。取材で再来日なさった時には事前に連絡をくださり、私は取材場へ飛んで行きました。そしたらシルヴィア、その二カ月後に、ヴェネチア国際映画祭でコンペの審査員をなさって。私もちょうど新人監督賞の審査員として出席した年だったので、毎日のように朝御飯からランチから顔を合わせる最高に幸せな日々を過ごしました。審査員って事務局が発表するまでは口外したらいけないルールがあるので、東京で会った時にはお互いにこの件については話さなかったのです。ヴェネチアでパトリシアにも再会できて本当に嬉しかったです。

ヴェネチア映画祭には私も息子を連れて行ったのですが、シルヴィアも息子さんが同行されていました。シルヴィアによく似た美青年。そんな時だったからか、出産時の話になって。パパラッチが大挙して来るのを阻むためにセキュリティのしっかりした病院で産んだのよってお話しくださったのですが、なんと私が香港で出産したのと同じ病院でした。もうそれを聞いただけで出産時の苦痛体験が素晴らしい記憶に様変わりしました。次は香港にいつ来てくれるのって言って頂けて、次回の香港への旅のチャンスにはきっと連絡しようと思っています。美山さんもご一緒できたらいいな。

❖美山

人との縁は、細く長く繋がるものもあれば、短い間に濃縮されるものもあっていろいろですが、林さんとシルヴィアは短い年数の間にギュッと親しくなられた感じですね。縁があると遠く離れていてもしっかり結びつくものです。私も便乗したいので、これからもシルヴィアと太く長く繋がっていてくださいね。

フィルメックスで審査員をされたとき、滞在中のお世話をさせていただき心底光栄でした。**キン・フー**のファンとしては、『**山中傳奇**』の初々しい美しさを思い出すとともに、多くの作品に出演してきたスター女優というイメージからひどく緊張していましたが、おっしゃる通り、まったく気取らず、自然体で、そしてどこか可愛らしい、本当に素敵な方でした。もう30年も前の作品ですが『**ゴールデン・ガイ**』で、大富豪であることを隠した**チョウ・ユンファ**に見初められる雲呑麵屋の娘を演じたときの誠実で、飾らなくてもチャーミングな姿が、普段のご本人にとても近いと思います。

開幕式のある第1日目、パトリシアと3人でホテルから映画祭の会場まで、10分弱の道を一緒に歩き、夜になってホテルに戻るのに暗いと景色も違うからご案内しますよ、と申し上げたんですが、大丈夫！のひと言にそのままお見送りしたんです。すると翌日、「じつは昨日あれから迷ったの。でもガード下にお店が並んでいて、街を見られて楽しかったわ」とお二人で大笑いしながら話していらっしゃいました。場合に応じてタクシーもありですが、開幕式で派手に着飾ることもなく、送らなかった私も責めず、すごく大らかで、素敵な方であることは映画祭が始まってすぐに気がつきました。すべてに余裕があるから立ち振る舞いが美しいのでしょうか。

また、サインや写真を求めてくるファンの皆さんに対して、私はお断りするつもりでガードすると、「大丈夫よ」と自然に応じていらっしゃいました。ファンの中には若い頃のシルヴィアが表紙を飾る、色褪せた香港電影雑誌を差し出す人もいました。

映画祭に参加された審査員やほかの監督・出演者の作品を、スタッフは事前に観ることができない場合も多いです。お見送りした後に、スクリーンでその姿を見ると、なんとも言えない不思議な気持ちになります。シルヴィアのときも、お見送りした後に観た『**山河ノスタルジア**』の演技が素晴らしかったので、しびれました。監督としてもこれからどんな作品を撮られるのか楽しみです。

『悪漢探偵』

❖**林**　『**山中傳奇**』では一年以上に亘る韓国ロケを敢行されたと伺いましたが、その頃の可憐な感じも素敵だし、『**悪漢探偵**』シリーズではドタバタ・コメディの中で飛び蹴りもするようなアクションも楽しませてくれるかと思えば、『**過ぎゆく時の中で**』や『**フルムーン・イ**

ン・ニューヨーク』では30代後半の悩める女性として輝いて、『**つきせぬ想い**』の女医さん役の落ち着き加減も素敵でしたね。加えて歌を歌えば大ヒット。できないことを捜すのが難しいほどの活躍でずっと第一線。しかも監督も並行しながらで、心底尊敬します。仰ぎ見るばかり。

監督作品『**果てぬ想い　醒夢季節**』では、**コン・リー**が北京から香港に移り住んで優しいビジネスマンと出会うというラブ・ロマンスを描いていましたが、コン・リーが演じるのは、広東語がまだ喋れずに香港のIDを取得する手続きも大変で、なかなか自立しようにも動きが取れずに四苦八苦する女性でした。人は香港に何を求めるのか、それを考えさせられるセリフがいくつもありましたね。経済発展を遂げていた返還前の香港を羨望し、期待を掛ける人たちの姿や考え方が散りばめられて、**シルヴィア・チャン**の香港への愛を感じ取れる映画でした。

監督作品としては他にも『**20　30　40の恋**』がありましたね。40歳の役でご主演でもありました。この映画は**レオン・カーフェイ**や**アンソニー・ウォン**が出ているし香港も共同製作とは言え、台湾ロケの台湾映画という色合いが強く、それぞれの年齢の女性を主人公にした群像スケッチ風の作品でした。年代別に色合いやカメラの動きに変化をつけて挑戦的。かなり盛りだくさんに細部の描写まで詰め込みながらも、女性たちの結論を簡単に描いていないのにも好感が持てます。余白から彼女たちへの応援賛歌というか、未来への希望を持てるように作ってあって、しかもユーモラスな感覚も生き生きと描かれていました。

この映画には、多分50歳くらいのもう一年代上の女性が意識のない状態で入院していて、40歳のリリー（シルヴィア）はボランティア活動なのか、親戚でも知人でもない彼女の元を頻繁に訪ねて話しかけ、新聞を読んだり、爪を切り、着替えをしてあげる場面が何度も挿入されるのが印象的でした。だから私にはこの映画のタイトルは「20　30　40　50」です。物語の展開上ではベッドの上で動かない女性に40歳のリリーが心情を語る上で必要だったのかとも思えますが、リリーにとっても結婚指輪をしていても誰もお見舞いに来ず動かない女性に対して、自分より少し先の年代、つまり自分の未来を重ね合わせて見ています。そしてどの年代の女性にも全てに共通する恐怖が「孤独」なのだと強烈に見せてくれました。

『20　30　40の恋』
デジタル配信中
DVD 1,408円（税込）
発売・販売元：ソニー・ピクチャーズエンタテインメント
「※2021年3月時点の情報」

もう一カ所、私が感動した場面は、リリーが夫と別れてエレベーターに乗るところ。エレベーターの中で一人になったリリーをセキュリティカメラが映しているのを観客は覗き見できます。それはモニターを通した無機的な見え方ですが、最初リリーは微笑んでいるのですよね。そして数秒後に泣いてしまう。エレベーターという個室に入った後の感情の吐露を防犯カメラの映像で見せるとは。究極の「孤独」が見えたように思えて、胸が詰まりました。

❖美山

それから、車まで急いで探しに戻ったサングラスを自分の頭にかけているのがわかったとき、一瞬笑ってからワッと泣いてしまうところも、情けない気持ちから悲しいことが一度に襲ってきて涙する感情の変化がとてもよく表現できていて印象的でした。何気ないことでも共感できると、物語にどんどん引き込まれますよね。

『**果てぬ想い**』でも、歯医者帰りのビジネスマンがお茶を飲むと口からだらりとこぼれてしまって、あ、麻酔がまだ効いているんだ、など細かいですが、そういうちょっとした演出に引きつけられます。この作品は、中国人の視点からも香港返還が語られていて、大丈夫と言いながらも何か心の揺れのようなものが感じられて新鮮でした。北京にいるコン・リーの両親は胡同に住んでいて、そこを訪ねた香港のビジネスマンを北京鍋でもてなしますね。寒い日に温かい鍋。食卓を包む湯気。娘が好きだという饅頭。香港にはないしっとりとした北京の様子も素敵だなと思いました。舞台はまた香港に戻って、玉器市場やペニンシュラ・ホテル、そしてビクトリア・ピークなど定番の懐かしい風景が出てきます。

最後にコン・リーは自立して、ちゃんと自分の人生を歩み始めますが、シルヴィアは女性が成長していく姿を描くのが巧いですし、ご本人の人柄ゆえの嫌みのない爽やかな作風が一貫してあるように思います。

スタンリー・クワン（關錦鵬）

❖林　最初に国際的に**スタンリー・クワン**監督の名前が広く知られたのは『**ルージュ**』だったでしょうか。ナントやトリノ国際映画祭でも上映されました。この映画は**ジャッキー・チェン**がプロデュースですが、キョンシーとは違うコメディタッチでないゴーストものでした。主演は**レスリー・チャン**と**アニタ・ムイ**。二人とももうこの世にいないと思うとなんとも無念です。

舞台は１９８０年代の現在と、それから50年以上前の過去。香港の50年余りの変貌を描こうとした気持ちがひしひしと伝わってきます。アニタ・ムイ扮する遊郭の女ユーファとそこに遊びに来

『ルージュ』

ていたレスリー・チャン扮するチャンが、あの世で一緒に会おうと心中したのに再会を果たせず、ユーファは幽霊となって現在の地上に降り、新聞広告を出してチャンを探し出そうとします。1980年代に現れたユーファは50年余り前の姿のままに変化を遂げた香港の夜の街をフラフラとするのですが、その寂しそうな姿に哀愁が漂うファンタジー映画となっていました。

クラシカルなチャイナドレスの装いで、弱く疲れ果てた姿のアニタ・ムイの美しさが印象的でしたが、疲れ果てて消え入るように憔悴している彼女の「お茶を飲めば、全てを忘れてしまえるわ」というセリフが印象的でした。香港人にとってお茶はとても大事な存在ですね。

美山さんは特にお好きなお茶がありますか。

飲茶はその名のごとくまさにお茶を飲む場所で

すが、お店に入るとまずは最初に自分の飲みたいお茶を注文するところから始まりますよね。日本だと緑茶の他には、ウーロン茶とジャスミン茶がポピュラーですが、私はサウメイ（寿眉）茶、ソイシン（水仙）茶などいくつか気に入ったお茶がありました。香港滞在中には、人生で最もたくさんのお茶を飲んだかもしれません。

❖美山

私が烏龍茶の本当の美味しさを知ったのは台湾でしたが、香港のお茶文化もとても深いですね。飲茶では油を流すからとポーレイ（普洱）茶がよく飲まれますが、かび臭いと苦手な人も多いと言います。予防線を張って、苦手な人もいるけど油を落とすから、と言って注文すると同行者のブーイングもありません。

香港人っぽく飲茶をするなら、まずは普洱茶を頼んで洗杯（サイプイ）という食器を洗う習慣を真似してみてはどうでしょうか。といっても私はやったことはありません。私が真似をするのは、平皿に茶碗を置いたまま、茶碗の中で点心をいただくこと。普通は、平皿に点心や炒めた青菜、茶碗にご飯や汁物が来ると思うのですが、林さんも香港人のお皿の使い方に気がつかれたことと思います。

大きな急須が二つ来ますが、一つはお茶でもう一つはお茶が濃くなったときに足すお湯が入っていて、お湯がなくなったら蓋をひっくり返しておけば、入れてくださいねの合図ですよね。

ほかに、テーブルでのルールとしては小さな湯呑みに誰かがお茶を足してくれるとテーブルを指でトントン。唔該（ンゴイ、ありがとう）の感覚でしょうか。お茶はほかに菊普（コッポー）茶もよく頼みます。プーアル茶に菊の花が入っていて、元が濃いお茶が味も香りも和らぐんです。それと、街の漢方茶スタンドで、大きな紙コップに例えば冷たい夏枯草茶を入れてもらってひと息つくのも旅の楽しみです。コンビニに行ってはあれこれと珍しいお茶のペットボトルを買うし、本当にお茶をよく飲みますよね。

『**ルージュ**』は、チャンを探すのを手伝ってほしいと、食堂からトラムまで執拗に記者を追いかけてくるユーファが、観ているほうもちょっとうっとおしく感じてしまうんですが、昔の華やかで幸せな二人の姿に話が戻るたびに、今のユーファの悲しみがより痛く迫ってきます。チャンは彼女のために名家を出て、京劇の役者に転じて苦労しますが、ここにもまた京劇が出てきましたね。この役は**レスリー・チャン**にぴったりでした。

❖**林**　そう言えば香港に居住してすぐの頃、日本の製作会社が**スタンリー・クワン**監督で映画をと、そのプロデューサーたちが何度か香港に来ました。完成した作品が大沢たかおさん、桃井かおりさん出演の『**異邦人たち**』です。作品も繊細ですが、監督御本人も物静かで優しいです。

神聖なる撮影現場に部外者が立ち入るのはそれこそ邪魔でしかないと思っているので、御好意で声を掛けていただいても撮影現場には極力行きません。この撮影現場にもなるべく伺いませんでしたが、この作品の設定上、青年の部屋作りのために日本の書籍を部屋に並べたいという美術班からのリクエストがあって、家の本棚からごっそり本を貸し出しました。本編の中で本棚のクローズ・アップはありませんでしたけど、我が家の本たちが制作にちょっとでも貢献できたかもしれないと思うと嬉しい思い出です。国際共同製作は大変ですね。言葉の壁の問題のみならずスタッフ、キャストが渡航するたびに費用が掛かるし、本棚を埋めるようなことでも日本から運搬したら出費がかさんでしまう。脚本の形態から食事などの習慣まで、お互いの常識が通用しない場合もあるでしょうしね。

今ならデジタルで解決しますが、香港に住んでいて一番渇望したのは日本の書籍でした。当時の香港では日系のデパートもいくつもあって他の都市に比べたら結構手に入る環境でしたけれど、値段は当然割高です。優しい友人たちが送ってくださったり来るついでに持ってきてくれたり、あるいは香港に住む他の日本人からお借りしてしのいでいました。

美山さんは御留学の経験がありましたよね。和食が恋しくなったり、日本での暮らしと比べて不自由な経験がありませんでしたか。香港は世界の至るところから食材が集まって来るので、割高ながら和食材も豊富にありました。私はせっかく香港にいるのだし割高な和食には気のりしなかったので、黄ニラや花ニラなどの日本ではあまり見かけないような食材で適当に調理していました。香港は物流に関しては活力のある港です。見たこともないような野菜や果物がたくさんありました。

❖美山

香港の物流といえば地元ネタで恐縮ですが、いちごの博多あまおうが買えますし、博多湾で獲れた魚介類が朝の便で空輸されてその日のうちに香港の高級ホテルで使われています。でも林さんの腕にかかれば地元の珍しい食材でもかなり美味しいごはんができていたことは間違いないでしょう。

私はイギリスの大学に交換留学していましたが、地元のごはんを満喫していました。英国が大好きなうえに、母の影響から中国文化にも興味があったので、その両方が混在する香港の魅力にはまってしまったのでしょうね。

さて、美術で**スタンリー・クワン**作品に貢献されたなんて、また違ったワクワク感ですが、林さんはスタンリー・クワンといえばどの作品がお好きですか。

❖林

『ルージュ』『フルムーン・イン・ニューヨーク』『ホールド・ユー・タイト』『藍宇～情熱の嵐』

『ロアン・リンユィ　阮玲玉』

など国際的にも有名な作品がいくつもありますけど、『**ロアン・リンユィ　阮玲玉**』は、スタンリーの穏やかで誠実な人柄が如実に反映されている重要な作品だと思います。

阮玲玉は田中絹代と1歳違いで、25歳で自殺してしまった実在の大女優。彼女を**マギー・チャン**が演じているのですが、この映画はマギー・チャンが演じる場面と、現存している6本のみの貴重なフィルムの中にいる彼女自身と、監督がリサーチして縁のある人たちへのインタビュー取材の部分、そしてこの作品を演じているマギー始め**カリーナ・ラウ**や**レオン・カーフェイ**たちと監督とのディスカッションも含めて構成されていて、多面的に阮玲玉についての謎を考えようとした意気込みが感じられます。阮玲玉ご本人のフィルムを見ると、どちらかと言うとカリーナ・ラウのほうがマギー・チャンよりも似ている感じがしませんか。**スタンリー**は出演者たちに対して絶頂期に自殺しようと思うか質問しているところもあり、映画スターとして絶頂期に何故自殺をしたのか、それは自殺した本人にしかわからない、いや本人でさえも錯乱していてわからなかったのかもしれない。その謎を紐解こうと、切磋琢磨してあがくスタンリーの姿が映し出されます。

複数の男との愛のもつれがあったからだったのか、あるいは絶頂期に死ねば伝説的な存在として後世に残ると考えたからではないかとレオン・カーフェイが意見を述べる場面もあり、スタンリー・クワンはこの映画の監督としてマギー・チャンにどのように再現してもらう演出をすべきか思い悩む過程も語られて、そのプロセスも映し出すという実験的な作品ですね。田中絹代を吉永小百合主演で描いた『映画女優』はこれより数年前に公開されましたが、演じて再現していくほうが田中絹代の生きざまについては集中して鑑賞できると思いますけど、**『ロアン・リンユィ 阮玲玉』**の作り方だとむしろ実在した阮玲玉を把握しようともがくスタンリー・クワン監督の存在が、強い印象で心に残ることになります。

現存する資料も証言者も少なくて、不明な点が多い中で実在の人物を映画化する場合、わからないながらもわかったふりをして進めるか、謎を謎のままに開き直るか、もしくは独断で何がしかの解釈を創り上げてしまうか、他にも幾つかの方法はあろうかと思いますが、スタンリーが選んだ方法は自分自身に対して正直に、また阮玲玉に対して誠実なやり方だったのかもしれないなと思います。ただし演じた**マギー・チャン**の労苦たるや大変だっただろうなと要らぬ心配まですることになりますけど。ベルリン国際映画祭で女優賞を獲れて何よりでした。こういうアプローチは何度も使えない手ですね。製作総指揮をしたのは**ジャッキー・チェン**。やっぱり香港映画って凄いなって思います。

『**ホールド・ユー・タイト**』もベルリン国際映画祭で上映された作品で、この映画も少し別の意味ですけれどもスタンリーの誠実さが伺える作品だと思います。返還直前の香港を舞台にして、プログラマーの夫とその妻、不動産会社の男、プールやバーで働く男、レコード屋の受付にいる女などが浅くそして深く絡んで、心理が重なり合っていきます。人と人は何をもって愛し合うと言えるのか、愛し合っても理解し合えてはいないのか、自分でも自分自身がわからないのではないか。スタンリー・クワンが投げてくれる問題提起がたくさんありながら、何かドラマチックに疑問が解決されたり解決の糸口が提示されたりはしない。つまり監督の考え方を無理に押しつけられたりしない映画に思えました。

ラストで橋を走る車から少しずつ夜明けが見えてくる時、そこに私達は何を見るのか。私にはポリティカルなアイデンティティを問うている映画というよりも、もっと精神世界の部分で人とのつながりや距離について考えさせてもらえる一本でした。スタンリーの誠実さというのはこの映画で繊細の極致に達していると思うのですが、デジタル修復版が出る予定はないのかしら。ドンパチ・アクションの商業映画とは対極ですけどね。

アレン・フォン（方育平）、イム・ホー（厳浩）

❖美山　1981年の第1回香港電影金像奨に輝いたのは、アレン・フォン監督の『**父子情**』なんですね。タイトルの通り、父と息子の物語ですが、本当に切ないいんです。

父はサラリーマンですが、語学力や学歴を重視する外資系の会社なので出世する見込みのない事務員で、妻と子供たちが待つ長屋に会社のトイレットペーパーを持ち帰るような暮らしをしています。それだけに、ひとり息子には成功してほしいと心から願っているのに、息子は問題を起こしてばかりで何度も小学校を移る始末。募金箱のお金を使ってチャップリンの映画を劇場で観たり、友達と影絵を使って映画の真似事をしていてボヤ騒ぎを起こしたり、何度叱られても、父親が望むように育ってくれません。でも、子役の子たちがとても可愛らしくて、見ていて憎めないんですよね。妹が、父親の動きを察知して兄を叩くのに使う布団叩きを先回りして隠すシーンをはじめ、ひどく貧しいし問題は絶えないながらも、家族が寄り添って暮らしている様は胸に沁みます。
高校生の年頃になると、撮影カメラを借りて友達と映画を撮り始めるので、これはひょっとして監督自身のエピソードなのかなと思いました。そして父は、長女の裕福な人との縁談が決まると、相手に息子の留学費用を出してくれるよう交渉して、アメリカへ送り出すのです。

親子の家は、郊外のボロボロの集合住宅というかむしろバラックで、近くには平原が広がっています。当時はこういう風景があったのでしょうね。おそらく今は高層アパートが連立しているのではないかと思います。後半はそこを出て団地のようなところに暮らしていますが、とにかく悪い環境の中で日々をコツコツと生きながら、家族がお互いを想う姿にジーンと来て、華やかな香港映画ばかりでなく、こういう作品もいいなと思うのです。

アレン・フォン監督と同様に香港生まれで、海外で映画を勉強した**イム・ホー**監督の『**ホームカミング**』も地味ですが深いドラマです。
香港から広東省東部の故郷の村に20年ぶりに戻ってきた女性シャンシャンとその親友ジェン夫婦との再会の物語です。農村に暮らす人たちは都会の香りのするシャンシャンに興味津々で、シャンシャンの存在がジェンの夫婦関係にも影響を及ぼすのですが、物質的に恵まれている彼女は反対に心が満たされていない。彼女は祖母のお葬式に間に合わなくてお墓参りに帰って来たのですが、暗闇に現れる祖母の幻は煙草を吸いながら石臼を挽いていて何ともいえない品と貫禄があるんです。その姿は彼女にとって変化することのない絶対的なものなのでしょう。また、樹齢の長いとても立派な木の下で会う、長い髭を蓄えたおじいさん二人の存在を寓話のように感じるんですよね。昔もこれからも自分たちはここにいるよ、と何も変わらないことも大切なのだと。物が溢れてテクノロジーに追い立てられているような私たちにも、訴えかけてくるテーマのように思います。

❖林　**イム・ホー**監督の作品はベルリンや東京国際映画祭でも上映されましたね。比較的新しい『**浮城**』は**アーロン・クォック**主演ですが、『**ホームカミング**』のインパクトが強烈だったせいか、女性の生き方に寄り添った作品が多い印象があります。『浮城』にしても母親の存在が重要で母と息子の間を描き出していましたが、『**息子の告発**』こそは、母と息子との関係性を際立たせた力強い作品でした。『**レッドダスト**』はひたすらに**ブリジット・リン**（**林青霞**）と**マギー・チャン**の美しさが際立った歴史もの。吉本ばなな原作の『**kitchen～キッチン～**』もありましたね。森田芳光監督の『キッチン』も浮遊感漂う空気が見えるようで好きですけど、イム・ホー監督の『kitchen～キッチン～』はその8年後に作られました。

『息子の告発』

『息子の告発』は香港と中国の共同製作で大陸が舞台の中国語作品。実話をもとにしていて、**アン・ホイ**企画の社会派ドラマです。音楽は大友良英さん。

母親が父親を死に至らせたのではないかと十年間疑惑を持ち続けている息子が、公安にその調査を依頼するという話です。息子が公安に説明する過去が回想場面として描かれる骨太のドラマ。ラストの息子の態度について、賛否が分かれたと本編で言及されていました。これ正義とは何かという問いを提示しているのですが、あともう十年後の話だったら違っていたかな。十年後なら息子が別の考え方で過去を受け止められるのではないかと思ったし、あるいはアン・ホイが監督したらまた別の視点があったかも知れないなと思います。

母と息子の関係性については、**『浮城』**になると穏やかなものに変わっています。貧しい船上生活者で、イギリス人との混血である主人公が努力のうえ立身出世をして会社の重役にまで登りつめ、老いた母親を自分の邸宅に招いて住まわせます。１９４０年代の終わりから香港が中国に返還される時までを舞台に、船の上での地に足がついていない暮らしや混血という設定が、アイデンティティを問いながら生き抜く主人公の漂う感じを醸し出しています。イム・ホー監督にも今後も創り続けて頂きたいですね。

フルーツ・チャン（陳果）

❖林

『**メイド・イン・ホンコン**』を観た時、『日本製少年』というタイトルも似ている日本映画を先に観ていたので、あれ?って思いました。返還直前の香港とバブル崩壊後の日本を舞台に、両作品とも若者の焦燥感が浮き彫りにされています。**フルーツ・チャン**監督は及川中監督と親交があったのか、あるいは偶然にも同様なことを考えるインディペンデントの作家が香港にもいるのかなと思いながら、直接その件を伺う機会はありませんでした。気のいい兄貴みたいな柔らかな印象のフルーツ・チャン監督。エンタメ産業が圧倒的に強い香港で、インディーズとして創り続けるのは本当に大変だと思います。

『メイド・イン・ホンコン』と次の『**花火降る夏**』は**アンディ・ラウ**が製作資金を支援していますね。『花火降る夏』でベルリン映画祭に出席された時、監督とお会いしました。

この作品は香港返還の前後の日々を舞台に、返還式そのものの映像も織り込まれていて、1997年の夏を記録として切り取ろうとした感じがあります。香港では特別に花火が打ち上げられた回数の多かった記念すべき年、1997年。『**ミッドナイト・アフター**』も同様ですが、時を示すテロップが何度も出てきてリアルな臨場感を伝えようとしていました。

ところで、国際映画祭の招待状は宿泊費が全期間もらえるとは限らないので、映画祭会期の前半の上映だとクロージング（授賞式）まで滞在するのは自費負担の場合もあります。多忙な監督は自分の上映が終わったら帰国する方も多いけど、フルーツ・チャン監督はチェコのプラハに中抜けして来ると伺いました。日本人だとロンドンかパリに行くか、ドキュメンタリー映画の監督でポーランドのアウシュビッツ・ビルケナウまで出かけた方もいらっしゃいましたが、プラハって私には新鮮でした。確かにその後チェコのカルロヴィヴァリ映画祭へ審査員で出かけた時に、プラハが美しく素晴らしい街だって遅ればせで学習したのですけど。

❖**美山**

少人数で製作する現場のドキュメンタリーを見たことがありますが、汗だくで撮る監督の姿が頭

ビクトリア・ハーバー

に残って、監督自身も作品も亜熱帯のパワフルなイメージです。お金がないからジョン・ウー監督の事務所を使わせてもらっているエピソードもあったような。香港返還三部作は疾走感溢れるものでした。個人的には『**リトル・チュン**』が好きですが、香港の街に生きるリアルな人々の様子がどの作品にもよく描かれています。

香港といえば、ビクトリア・ハーバー沿いに並ぶ高層ビル群や街中のきらめくネオンが一般的にすぐ浮かぶと思いますが、大通りから一歩入ると、狭い路地にはアパートなどの住宅がひしめき合っていて、窓から通りに垂直に向けて置かれた竹竿に洗濯物が干してあり、周辺には市場や小さい食堂があって、人々の生活が観光客にも十分に感じ取れます。

竹竿といえば、ビルの建築の足場も竹で組んであって、これも映画によく使われる小道具になります。**ジャッキー・チェン**も登ったり、武器として使ったり、ですよね。フルーツ・チャン監督は、そんな下町の片隅にいる人たちに光を当てて、香港社会を私たちに見せてくれたように思います。

❖林　香港の竹竿。これは鉄骨で組むより安いので使われるようですが、滑りやすくて危ないのでいつも恐る恐る見ていました。上半身裸の男の人たちがひょいひょいと竹竿の足場をよじ登る。特に雨の日は見ているだけでヒヤヒヤします。ゴミだか何だかわからないものが置かれている狭い路地裏とともに、香港名物だと言えますね。

私には『**ドリアン・ドリアン**』が忘れられない一本です。『**メイド・イン・ホンコン**』が高く評価された後、普通の香港の映画監督だったら大スターを使って何か商業映画を撮る流れが考えられますが、フルーツ・チャンはエンタメの商業映画をすぐには創られませんでした。『ドリアン・ドリアン』でもアマチュアの人たちを使って見事なドラマを演出しています。主人公は、まずは深圳から一時的に香港に家族で移り住んでいる小学生くらいの少女。滞在ビザが期限切れになっても香港に居ついて裏道で皿洗いをずっとしています。その裏道を頻繁に行き来しているのが、中国本土の北方から来た20代前半の女性で、『**桃（タオ）さんの幸せ**』では老人ホームのマネージャー役だった**チン・ハイルー（秦海）**。彼女は滞在ビザのある短期間で風俗の仕事で稼ぎまくっています。

ある時、風俗嬢のボディーガードが裏道で後ろから来た男にドリアンで頭を殴られる事件が起こります。しかし少女達一家も風俗嬢も、自分たちの事情があるから警察を呼べない。彼らの事情を一瞬で見せる演出が、素晴らしかったですね。そしてタイトルにあるドリアンは、凶器にもなれば少女と風俗嬢をつなぐ品としても描かれていて、名前もフルーツなのですが、フルーツ・チャン監督、目の付けどころがさすがだなと思います。

香港では春になるとスーパーや果物屋の店先に大きなドリアンが山積みに売られ始めます。ホテルには持ち込み禁止されるほどの強烈な臭いがするので、湿度が高まってガラスが曇ったり地面が滑りやすくなるのとともに、街でドリアンのニオイがし始めると、ああまた灼熱の日々が始まるなって覚悟しないとならなかったのを思い出します。果肉自体はバナナよりも甘くて濃厚なのですが食べ慣れないと無理な人も多くて、香港人でも好き嫌いが分かれる果物ですね。香港は世界中からさまざまな野菜や果物が輸入されていてしかも安い。パパイヤ、マンゴー、スターフルーツ、パッションフルーツ、ライチやロンガン、他にも見たこともないような果物がいっぱいありました。

この映画ではどの人もいわゆる社会の底辺で生きています。風俗嬢は少しまとまったお金を貯めて、さっさと北方へ戻り、それを元手に何か商売を始めようかと模索しながら家族や友人たちと過ごす日々が後半に描かれますが、彼女の10年後、20年後を考えさせられました。香港で仕事仲間の年増の女たちは、もうたいして稼げない。つまり何度かまた香港に戻っても限界があることが示唆されます。この映画のラストで彼女が選択した生き方は、彼女の現状に過ぎず、その先はまだまだわからない。また、強制送還された少女とはその後交流があったのかどうかも映画の中では不明ですが、彼女も少女も案外逞しく生きているのではないかと、そんな気がするラストに見えました。

そして**アン・ホイ**監督の『**桃（タオ）さんの幸せ**』の**チン・ハイルー**のように、彼女がたとえ香港に戻ったとしても再び風俗嬢の道はなぞらずに、悩みながらでも別の仕事をして誇りを持って生きていてほしいなと願っています。大スター出演の映画の場合には、終わると現実世界にすーっと戻れますが、『ドリアン・ドリアン』のようにアマチュアを起用したという明記がラストにあるような映画では、登場人物たちはその後どのように暮らしているのかしらと、彼らの映画の先にある人生を想像してしまいますね。そういう意味でも『**ドリアン・ドリアン**』は深い余韻を残してくれる意義ある一本でした。

❖美山

『**桃（タオ）さんの幸せ**』の**チン・ハイルー**は、何か訳があって養老院で働いている雰囲気だったので、『**ドリアン・ドリアン**』からつなげてみても面白いかもしれません。それにしても、ドリアンは食べた人が通っただけで臭いんですね。想像力を掻き立てる描写もうまいですね。

北方から見ると南方は温かくて豊かな場所に映るのでしょうね。北方の街角に〝旺角小吃〟という食堂が見えましたが、香港への憧れでつけたのでしょうか。家族や友人たちにもてはやされる様子を見ると彼女がどんな思いをしてお金を稼いできたかも知らないで、とつい同情してしまいますが、香港での彼女はよく食べ、そして街を闊歩する姿は逞しいです。でも、客に出身を聞かれると毎回いろいろな地名を答える姿は、まるで真の自分がそこにいないかのようです。

当時、香港映画祭のメイン会場の文化センターで、チン・ハイルーと少女フェン役の**マク・ワイファン**に出くわして、映画祭のニュースレター用に写真を撮らせてもらいました。まわりをガードされることなく自然体だったので、声もかけやすく、嬉しそうに二人並んでくれました。

少女フェンとその一家は、もともとは『**リトル・チュン**』に出てきた人物たちですね。チュンは9歳の少年で、舞台は同じモンコック（旺角）です。『**ワン・ナイト・イン・モンコック**』で、警察が捜査に苦労する訳が世界で一番人口密度が高いからとあるように、たしかにモンコックは混沌としていて、チュン少年は母親よりフィリピーノのメイドさんになついているし、インド人や大陸から来た人たちが周りにいて、ひどく複雑な社会で生きています。社会の隅で懸命に生きる人たちの姿や、チュンが大切に思う人たちとのエピソードや別れが切なくて、素人の俳優を使った低予算の作品でここまで魅せるのは本当にすごいと思います。先に、一歩裏通りに入ると観光客にも現地の生活が垣間見られると書きましたが、実際はもっともっと複雑で、深刻な状況のなかで必死に暮らしている人たちがいたのだろうなと想いが巡ります。

チュンの大好きなおばあちゃんは、いつもテレビで古い広東オペラの映像を見ています。〝ブラザー・チュン（祥哥）〟の愛称で親しまれているスター、**サン・マーシーチャン（新馬師曾）**が歌っている姿ですが、チュンの名前はこの俳優からつけたのだそうです。『リトル・チュン』の原題は**『細路祥』**（リトルブラザー・チュンといった意味）で、１９５０年製作の**ブルース・リー**が子役で初出演した作品と同名。じつはその後ブルース・リーはブラザー・チュンと共演していることも興味が湧くところです。

第5章

香港ノワール映画からジョニー・トーまで

人気ジャンルとその監督について

マカオ・19世紀末建築の盧家屋敷

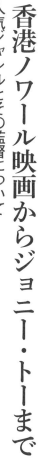

香港ノワール映画

❖林 **ジョニー・トー**作品が面白いので、ノワール映画といったら彼が浮かんでしまいますけど、このジャンルは層を成して面白い映画がありますね。警察もの、犯罪もの、クライム・アクション、黒社会の人々が主役のもの、**ダンテ・ラム**監督、**リンゴ・ラム**監督の作品はもちろんですが、リアルな臨場感が求められる警察犯罪捜査ものに幽霊を重ね合わせてみたり、フィリピンやタイなど異国でロケをしてみたりと同じようなパターンに陥らないように工夫されています。警察と犯罪者との駆け引きを描く作品はまさにたくさん。

警察の内部の抗争を描く『**コールド・ウォー　香港警察二つの正義**』、その両方を欲張って描いて組織同士の抗争に警察が絡んでくる『**ワン・ナイト・イン・モンコック**』、双方への潜入捜査をする者に焦点を当てた『**インファナル・アフェア1、2、3**』。前科者がお金で取引をされて、警察の捜査に協力する『**密告・者**』も力強かったですね。

香港映画では、同じ俳優が時には警察側だったり、犯罪者になったり、共演NGの俳優なんてないのかと思うほどスターたちの組み合わせが自由な感じで、そのアンサンブルを楽しめます。同じような俳優が出ているけど、作品ごとにさまざまに違うのですよね。

ジョニー・トー以外のノワール映画で、特にお好きな作品がありますか。私は派手なドンパチのアクションよりもジリジリと追い詰めていくようなドラマのほうが楽しめますが、それでもセントラル（中環）のど真ん中でアンディ・ラウがスタントを使わずにふっとんでいる『**風暴ファイアー・ストーム**』は、唖然としながらもパワフルで凄いなと思いました。

『**欲望の街、古惑仔シリーズ**』は、ノワールものと言えるかどうか、漫画が原作で悪ガキたちがチンピラになってその後黒社会へ入っていく話で、テンポが良くシャカシャカした映画で好きでした。キャラクターもしっかり見えるし、何よりも香港の各地が舞台になって、コーズウェイ・ベイ（銅鑼湾）、西貢（サイクン）、香港仔（アバディーン）など、この映画を観て香港へ遊びに行きたくなった人は多かったでしょうね。パート2では台湾とマカオロケもしていました。極道に向かう過程を描くノワールものではあるけど、青春ドラマでもあり、弾けた感じを楽しめました。

香港ノワール映画で効果的に使われているのが、二重扉の外側にある鉄の扉です。『**花様年華**』の舞台の60年代に彼らが住んでいたアパートには付いていませんでしたが、同年代が舞台の『**欲望の翼**』では建物の入り口には頑丈な鉄の扉がありましたね。『**メイド・イン・ホンコン**』では暑いから風を通すために、内側のドアを開けて鉄扉だけ閉めている家庭が見られました。私が住んでいた頃もドアにはガッシリとした鉄の扉が付いていました。これはもちろん防犯対策。治安が悪いとも思いませんでしたが、香港のセキュリティはしっかりしています。宅配便など鉄の扉は閉まったままでも封筒くらいだったら隙間を通して受け取れるので便利ですが、問題はガシャンガシャンという開け閉めの音。静かに開閉も可能ながら香港人は大きな音には無頓着なのか、隣人が帰宅したのかすぐにわかる始末でした。ノワール映画で鉄扉が出てくるとそれだけでワクワクしますよね。銃弾がカキーンと扉に当たる音も臨場感が増すし、極悪人のアジトが鉄扉の向こうにあるという設定もドキドキします。

ジョニー・トーのノワール映画だと、九龍側のチムサーチョイ（尖沙咀）やモンコック（旺角）での乱闘よりも、舞台がマカオ（澳門）だったり少しひなびた新界だったりするのは、予算の問題のみならず他のノワール映画とは別の面白さをという意図もあるのかもしれません。

それから、これはノワール映画に限ったことではないけれど、香港人は携帯電話をマナーモードにしませんね。地下鉄の中でもレストランでもほぼ何処でも携帯電話が高らかに鳴って、香港人は躊躇なく「わ～い？」って電話に出ます。特にノワール映画では例えば地下の駐車場とか悪者の隠れ家の前とか、警察が秘密裏に捜査して相手をもう一歩のところまでジリジリと追い詰めたタイミングで鳴ってしまう。この状況は『**インファナル・アフェア**』然り、香港映画で何度も見ましたよね。マナーモードにしてある映画は見た記憶がありません。

もう一つ。香港の銀行の所謂ＡＴＭ。現金自動支払機では暗証番号が６ケタで、４ケタの日本よりもセキュリティが強化されているなと思いましたが、この現金を引き出す機械は外に裸で点在していました。日本だったらガラスの扉の中にありませんか。ヨーロッパでも外に設置してあるところがありますけど、現金を引き出す時、後ろからお金を取られる不安はないのかしら。私は正直言って心配でした。確かに香港人は一度に引き出すのは少額だから、それを狙うコソ泥なんていないのかな。あるいは天下の香港警察がパトロールしているから無問題なのか。まぁ最近はキャッシュレスが進んですべてをスマホやオクトパスカードで済ます時代だから、もはや〈今は昔〉の心配でしょうけれど。

❖美山

セキュリティ事情から見える香港の生活もまた面白いですね。台湾も二重扉ですが、とにかく見た目より頑丈なことが一番。ＡＴＭはイギリスの影響かもしれませんね。私もイギリスで建物の外壁に取り付けてある機械からお金を出す時、毎回ドキドキしていました。でも１日24時間、週末も無料で利用できて大変便利。香港もそのようですね。ロンドンのＩＣカードはオイスターカード。これも関連ありそうです。

さて、香港ノワール映画。原点となる作品については諸説ありますが、そのひとつ、1984年の『**省港旗兵・九龍の獅子／クーロンズ・ソルジャー**』は、ラストの九龍城砦での迫力ある銃撃戦が有名です。警察がバズーカ砲で鉄扉をズドーンと爆破するシーンもあります。広東省から出稼ぎ感覚で強盗をしに香港にやって来たギャング団の友情と事件の顚末を描いています。たった3日間の物語ですが、貧しさ故の犯行であって、あまりにも無知で無防備な彼らに呆れたり同情したり見ていて複雑な気持ちになります。当時、大陸から絶えなかった強盗団を扱った意欲的な作品で、製作には**サモ・ハン**が名を連ねています。

このようにノワール作品には、大陸の人間や場所が多く絡みます。『**ワンナイト・イン・モンコック**』もクリスマスイブで賑わうモンコック（旺角）に、大陸から雇われた殺し屋が現れますが、まだ青年で、指示を出されても看板の繁体字が読めず、混沌とした街に飲み込まれていきます。マカオからやって来た警官がお土産に本場のエッグタルトを持ってくる場面などは楽しいですが、いくつもの偶然が重なって結末は後味の悪い、しかし印象に残る作品でした。

俳優さんで選んでみるのも面白いですよね。中でも**ニック・チョン**（**張家輝**）は怪演ばかりで怖すぎます。『**ビースト・ストーカー／証人**』は物語の最初に、夜勤明けの警察が早朝、みんなで飲茶を楽しく囲んでいたところそこから一転、緻密なプロットが物凄いスピードで最後まで駆け抜ける見ごたえのある作品です。『**密告・者**』とは逆の役回りで、**ニコラス・ツェー**が刑事、ニック・

チョンが犯人役、そして女性検事も絡んできますが、登場人物がみんな何らかのハンデを抱えています。特に目に障害のあるニック・チョンは、寝たきりの妻の介護をしながら、もちろん妻には内緒で依頼があると人を誘拐して自宅に監禁するという切迫した生活をしています。検事の娘が誘拐され、捜査でつかんだ映像からニック・チョンの部屋がネオンで赤く染まっていることに注目し、大きな赤いネオン看板を探すのも、竹の足場を上って場所を特定していくのも、香港ならではです。しかしここ数年、ネオン看板がどんどん街から消えていっているそうで、香港を代表する風物がなくなるのかと思うと残念です。

『インファナル・アフェア』はシリーズ1作目のオープニングタイトルから、単なるノワールものではない、ただならぬ雰囲気がありました。原題の**『無間道』**は、一度入ってしまうと抜け出せない、永遠に続く苦しみの意味。怖いですね。オールスターキャストによる、警察とマフィアがそれぞれお互いにスパイを送り込む物語。大ヒットして香港ノワールの堂々の代表作となりました。マフィアから警察に潜入するパターンもあるなんて驚きましたが、どちらの心理状態も相当にしんどそうで、こちらをハラハラさせる見事な演出。10年の歳月を描く3部作は、脇を固める俳優陣が贅沢で香港映画ファンが喜ぶ人ばかりなのも魅力です。ハリウッドや日本でもリメイクされるほどの、圧倒的なノワール作品でした。

ジョニー・トー（杜琪峰）

❖林　香港映画は劇場で一般公開する時に中国語と英語の両方の字幕が付いています。返還後も同様に英語字幕がついていて安心しました。二カ国字幕付きで公開って、さすが国際都市、香港。中英の二段字幕は60年代半ばからだそうですが、中国語（繁体字）を付けて大陸も台湾もアジア諸国の華僑の人たちにも、また香港在住で広東語をわからない人たちもカバーできて観客が広がりますね。日本ではテレビ番組で話されている言葉にかなりの頻度でテロップが付けられていますが、日本映画の公開時にはバリアフリー上映などの特別な場合を除いて、日本語も英語字幕もなしで上映しますよね。日本語がわからない在住の外国人には不便だろうなと思います。反面、画面に二段字幕があると不要な人には邪魔だという考え方もあります。日本在住者は日本語ができることが前提になるのかな。英語字幕がついている日本映画のＤＶＤは、漢字で（英語字幕付）ってパッケージに書いて売っていますから。これは With English Subtitles と付けてあげないと需要のある人には届かない情報ではないかと常々不思議に思っているのですけど。

ところで、**ジョニー・トー**って、『**天使の眼、野獣の街**』や、『**やがて哀しき復讐者**』など、スタッフとして組んでいる人の監督作品や常連俳優の監督作品にプロデューサーとして参加なさることもあるし、もちろん監督としても今では有名ですが、返還直後の頃だとまだ世界ではブレイクしていなかったのです。私、せっかく香港に住むことになったのだから日本映画だけでなく香港映画も世界にアピールしたいと思って、ジョニー・トーの事務所に直談判しに行ったことがあるのですよ。これも〈今は昔〉のお話ですが。土曜日の夕方だったか、事務所には本人とお茶を出して下さった人しかいなくて。ジョニー・トー監督、その頃あんまり英語を話されなかったのか私の英語も滅茶苦茶だしで、私の意図がきちんと伝わったのか不明でしたが。というよりたぶん英語の問題でなく、唐突に何言ってんだこの人って思ったのでしょう。とにかくあなたの映画は素晴らしいから国際映画祭にどんどんトライしてください、何かできることがあったらお手伝いしますってお話ししたつもりでした。そうしたらお手伝いするまでもなくその後すぐにどんどん映画祭で人気が高まって、カンヌもベルリンも常連監督になられて。だから、何も私はしていないのだけど。

❖美山

ジョニー・トー監督がフィルメックスにいらして、トークショーをしてくださったとき、人が溢れんばかりの会場で生の声を必死に聞いたのを覚えています。その時はかなり落ち着いたトーンで話をされる印象がありましたが、ＤＶＤで作品を観直すと監督へのインタビューが特典映像に入っていて、全く違った印象に驚きます。笑顔で作品について喋りまくる、そんな感じですよね。構想が長年にわたっていたり、撮影を数カ月ストップさせて脚本を書き直したり、苦労のエピソードが明るく語られるのがちょっと面白いです。

ジョニー・トー監督のフィルモグラフィーも改めて見ると多作でのけぞってしまいます。香港映画の中で私はこの監督の作品をいちばんよく観ているかもしれません。多作だからではなく、好んで観ているからだと思いますが。その影響か、コーズウェイ・ベイ（銅鑼湾）を歩いていると、繁華街から少し離れた通りの雑居ビルとビルとの隙間の暗い影から、**サイモン・ヤム（任達華）**が普通に出てきそうな気がして、つい妄想してしまいます。旅行者にも馴染みのある街角や店の看板も多く映し出されるので、香港好きには嬉しい限りです。

香港映画の字幕はインパクトがありますよね。日本では1秒間に読める文字数が4文字の規定で、字幕翻訳者の苦労とセンスで集約されたものを普段読ませていただいているわけですが、香港映画はとにかくセリフを全部出す。標準語が1行、その下に英語が1行、スクリーンの端から端まで、小さい字で。そのほうが字幕は作りやすい？　でも、読まなければわからない観客は大変ですよね、間に合わないから。ちなみに台湾では北京語に吹き替えられていてもやはり字幕はつくそうです。日本人だと英語がわからなくても、漢字が並んでいるとなんとなくわかる、というパターンもあります。ことばが通じなくても筆談ができるし、漢字圏の人だけが共有できることですね。

❖林

ジョニー・トー映画は、香港ノワールと呼ばれるような拳銃を持ったアクションものばかりではなくて、『**過ぎゆく時の中で**』や『**Needing You**』を始めとするラブ・ロマンスもあれば、大いに異色の『**マッスルモンク**』や、またミュージカル仕立ての『**香港、華麗なるオフィス・ライフ**』など、守備範囲が広いですね。普通だと製作年度順に追い掛けて観るのが自然な流れだし、回顧上映の時でも古い作品から上映スケジュールが組まれるのが常套ですが、ジョニー・トー作品は、必ずしも製作順に観なくてもよいかもしれません。もちろん『**ザ・ミッション 非情の掟**』『**PTU**』『**エレクション**』『**エグザイル／絆**』『**奪命金**』と順番に追う楽しみを決して否定はしませんけれど。

▼舞台はマカオ

例えば、最初のジョニー・トー作品との出会いが『**冷たい雨に撃て、約束の銃弾を**』でもくっきりと際立ったジョニー・トーの世界をいきなり体感できて楽しめようかと思います。フランスとの共同製作で、常連の**アンソニー・ウォン**や、**サイモン・ヤム、ラム・カートン**（**林家棟**）もさることながら、フランスで有名なロック歌手、ジョニー・アリディが哀愁漂う姿なのと舞台がマカオというのもポイントで、香港とはまた一味違う異国情緒が漂うマカオの街が美しく映し出されていますね。それ以前のジョニー・トー映画の集大成って感じです。

マカオの街角

話はいたってシンプルな復讐劇。自分の全財産を投じて殺し屋を雇い復讐を依頼するジョニー・アリディ扮するフランシス・コステロ。この人にはそれなりの闇の過去があって、そのせいで少しずつ記憶を失っていく事態に進んでいく。復讐って過去を許せずにする仕返しなのに、許すも何も記憶が薄れていくという設定が凄い。それに加えて、何の恨みもないのにお金で雇われた殺し屋たちにとっては、雇い主が記憶を喪失する時に、どう対処するのかが見ものになります。

いつもながらセリフは限りなく少ないから、よけいに画面から目が離せずサスペンス感が膨らみます。殺し屋たちが復讐すべき犯人を割り出して、黒幕まで判明させていく展開になるのですが、この映画は観客も一緒に復讐すべき相手を探すことが目的ではないのです。殺し屋たちが最後の最後まで、どうして何のために追い詰めていかないといけなかったのか引き返せない感じ。私達も復讐する側の道づれになってしまう後戻り不可の感覚。後半の展開に一緒に乗れるか乗れないかで、とことん楽しめるかどうかが分かれるかもしれませんが、私は**アンソニー・ウォン**の後ろ姿に説得力を感じました。だって仕方がないじゃないかっていう感じが凄いのです。良かったな。それはまるでアメリカン・ニューシネマの金字塔と言われている『明日に向って撃て！』で、主役の二人は罰せられるべき奴らで、彼らに明るい未来が拓かれるとは到底思えないのにもかかわらず、思わず二人を応援してしまう心境と似ています。一度乗ったらトコトン進む。私達も一蓮托生。そんな面白さに溢れています。

話がシンプルなので、映画的な肉付けも大いに楽しめますよね。**サイモン・ヤム**扮する男の変態ぶりは笑えるし、香港人がごく一般的によく楽しむ海鮮市場のレストランやＢＢＱの広場を舞台にしているので、別の黒社会だけの出来事というよりも隣で起こり得るような身近な感覚を楽しめるし。

行き止まり感が極まる銃撃戦の演出も工夫が凝らされていますよね。西部劇でしばしば見られるコロコロとした枯れ草、確か『スケアクロウ』でも冒頭に出てきた回転草と呼ばれる雑草、クライマックスで盾代わりに使われる物は立方体でしたが、私はあの枯れ草を思い出しました。

セリフで説明せずに画面で見せるジョニー・トー作品の男たちの生きざまは、滑稽でもあり同時に温かい心意気さえ感じ取れます。香港ノワールものはマニアにとっては拳銃の種類や銃弾の発射音などまでも楽しめるのだと思いますが、そういう知識やこだわりがなくても、ましてや暗黒街の社会組織に関心なんぞはなくとも十分に楽しめるように作ってある。特にジョニー・トー作品のノワールものはシンプルだからこそインパクトがあります。

『冷たい雨に撃て、約束の銃弾を』を先に観て、ジョニー・トー作品が合うなと思ったら、製作年数を少し戻って**『エグザイル／絆』**を観てはどうでしょうか。同じくマカオを舞台にしていて、より一層シンプルでプリミティブな感覚を楽しめて、物凄く面白いですよね。

サイモン・ヤム扮するマフィアのボスと敵対していた5人が不思議な集まり方をするところから始まります。マカオらしいパステルカラーの夜の街並みにどっしりあるのが、香港でもよく見かけるガジュマルの大木です。気根が大きく張っていて、木の上からたくさんの根が垂れ下がっているように見えるこのガジュマルは、亜熱帯ならではのじっとりしたイメージもあるし、入り組んだ思考とか複雑な事情なんかを象徴しているようにも見えて、もちろん見慣れている香港人にはそんなふうには思えないのかもしれないし、そもそもジョニー・トーにもガジュマルを何かの象徴になんて意図はないのかもしれませんが、私はガジュマルの大木はジョニー・トーの映画に似合うなって思います。

これ、話を言ってしまうと面白味が半減してもったいないので書きませんが、かつて仲間だった5人が集まってどうするのか。これが何も決まっていないというのがジョニー・トー・マジックと呼びたいくらい、良いのですよね。「何処へ行く?」「行き先は?」「好きに決めろ」「家に帰る」。

コインの裏表で襲撃するかどうかを決めようとしたり、襲撃された**リッチー・レン**（**任賢齊**）扮する男が、人生もはやこれまでと急遽5人と行動を共にしたり。そしてラストの大団円に至っては、一瞬の出来事が数分間かけて美しく見せられます。

加えてクスッと笑えるのが**ホイ・シウホン**（**許紹雄**）扮する巡査部長の存在です。彼はあと少しで退職期限が来るので、パトロールしていて繰り返し5人達と何度も出くわしながらも何も見なかったことにし続けます。特に警察官の職務怠慢とか大げさな描写ではなくて、ただ安泰にリアイタしたいだけのおじさんの存在が、この映画に一味違う、まるでシナモン・シュガーを振りかけたようなユーモアを足してくれていました。

マカオ・セナド広場

❖美山

マカオが舞台の2作品から来ましたね。確かに美しいガジュマルの大木、出てきます。『**エグザイル**／**絆**』では、**ニック・チョン**の家のそばにありました。道幅の狭い通りに外壁が黄色や緑のポルトガル風の住宅が並んでいて、通りの名前が白地のタイルに書いてあります。街に近いとこれに青い装飾が施されていてさらに異国情緒が増すんですが、ポルトガル統治の名残が感じられて、香港とは違う雰囲気が楽しめます。

さて、街中に行くと有名なホテル・リスボアのカジノの古めかしく派手なネオンがドドーンと出迎えてくれます。返還後は米国系を含めたくさんのカジノが進出して、行ったことないですけど本場のラスベガスより凄いんじゃないの？という派手さでした。もちろん、その近くにはコロニアルな建物と石畳の広がる、それは美しいセナド広場があって、**サイモン・ヤム**がその後のことを知らずにのんきに食事していましたね。**『冷たい雨に撃て…』**のジョニー・アリディもこの広場からマカオの目抜き通り・サンマーロー（新馬路）に入って行ったと思います。片道1車線の狭い通りですが、騎楼になっていて、古めかしい感じがとてもいいんです。

『エグザイル／絆』はその7年前に製作された**『ザ・ミッション　非情の掟』**と同じキャストですね。命を狙われている黒社会のボスの護衛に集められた精鋭チームの物語で、夜の閉まったショッピングモールでの撃ち合いのシーンにしびれました。拳銃のプロなのに車の運転ができない**ラム・シュー（林雪）**がちょっとホッとさせてくれます。繰り返されるテーマ曲とともに記憶に残る作品です。ボスは護衛チームにコーヒーを入れようとしてくれる優しい一面もあります。**『エレクション』**でも緊迫した会議で、ボスが中国茶を本格的に入れて、みんなに振る舞うところがありました。お茶を飲んで落ち着こう、と。マフィアっぽくないけど、やはり香港ではありなんでしょうね。

裏組織の会長選挙を描いた『**エレクション**』は1と2、どちらも物凄い迫力でした。**サイモン・ヤム**、**レオン・カーフェイ**、**ラム・カートン**、**ニック・チョン**、**ルイス・クー（古天樂）**、そしてラム・シューとオールスターキャスト。静と動のコントラストが効いていて、人間が狂気に陥る姿を見せつけられました。目を覆うようなシーンもありましたねえ。警察の潜入捜査が暴かれてしまうところも出てきて、黒社会の複雑さが描かれます。投票権をもつ幹部たちにはごく普通のおじさんたちもいて、実際も案外こういう感じなのでしょうか。また、一度権力を手にしてしまうと自分を見失ってしまうことや、派閥、駆け引き、約束、裏切りといった人間関係の危うさが、政治の世界だけでなく会社組織など私たちの身近なところでリアルに感じられることが根底にあるから、よけいに恐ろしく感じるのでしょう。

▼ラム・シュー

『**ザ・ミッション**』と同年の1999年に撮られた『**暗戦　デッドエンド**』も捨てがたい作品です。監督の守備範囲はおっしゃる通り広すぎて整理が大変ですが、『ザ・ミッション』そして『エレクション』『エグザイル／絆』など、これぞ**ジョニー・トー**と呼べる主流のクールな作品群があって、それに並行して別の警察、クライムものが見えてくるように思います。『**暗戦　デッドエンド**』は余命いくばくもない犯罪者と刑事の対決の物語で、まさかの女装までする**アンディ・ラウ**の演技もさることながら、刑事役の**ラウ・チンワン**が役にはまっていて生き生きとしているのがとても印象的でした。二人の掛け合い、そしてラウ・チンワンと上司との掛け合いも楽しいです。**ラム・シュー**も大ボケでここでも笑わせてくれます。そしてミニバスでアンディ・ラウが出会った美女が最後に手にしていたものは……。結末のおしゃれな感じがジョニー・トーらしくて晴れやかな気分になりました。

❖林

警官が主役の作品では、『PTU』が面白いですよね。**ラム・シュー**演じる警官が昇進を目前にしてある晩、バナナの皮で滑って拳銃を失くしてしまう。それをなんとか何事もなかったことにすべく、戦術部隊といったらいいのかユニットの同僚チームが協力しながら過ごす一晩の数時間だけのお話です。拳銃を失くすといったら、黒澤明監督の『野良犬』を思い出してしまいますが、『PTU』の場合にはそれはシンプルなきっかけに過ぎず、ドラマ自体は警察組織の内部の問題、すなわち現場経験の少ないエリート上層部との関係や同僚チームの中での信頼関係が主体になっていて、『野良犬』のリメイクということではまったくありません。だって主役はミフネじゃなくて、ラム・シューだから。**ラム・シュー**、味わい深いな。小品ながらもラストの終わり方も含めて、小気味良い映画で好きです。

黒澤明作品との関連で言えば、ずばり『**柔道龍虎房**』は、**ジョニー・トー**監督が『姿三四郎』の黒澤明監督への尊敬をまっすぐ込めて創っている一本でした。かなり異色な作品で、柔道の試合といってもいわゆる武道館のような試合場ではなくて、路上や、バーの中だったり、草木の生い茂るゴツゴツとした屋外だったりして、柔の道とは何だったっけかな、というような不思議な作品。つまり、変化球だらけなのですよね。日本語の歌を不可思議な人が何度も歌っているのも頭から離れなくなってしまうし、歌手としての成功を夢見ているシウモンという若い女性も、観ている誰もが彼女の成功は無理だと思えるように演出してあるのですが、妙にリアルな存在感があるので不思議なほどに気になってしまいます。後を引くと言ったらよいのかしら。なんだか普通の映画を作ってなるものかって意気込みを感じずにはいられない映画で、その心意気を精いっぱい受け止めたいと思える一本でした。

❖美山

俳優の**ラム・シュー**、もう大・大活躍ですよね。いつのころから気になりだしたのか、気づくともう探している私。林さんもラム・シューのことにはしっかり触れたいと思われていたはずです。漢字で書くと**林雪**。きれいな名前ですね。ジョニー・トー作品以外でももちろん昔から活躍されていますが、いないと絶対さみしい。ずっとピーナッツを食べていたり、緊迫した中でも一人でファーストフードの包みを下げていたり、犯罪課の刑事としてパリッと出てきて、あれ今回雰囲気違うのかなと思ったら、バナナの皮でスッテーン。緊迫した流れでも、いつもプッと笑わせてくれて、本当に貴重な存在です。

『PTU』で、もう閉店ですよ、と言われながらも機動部隊が深夜に入っていく中国冰室という大衆食堂の雰囲気がレトロでとても素敵でした。モンコック（旺角）にあった名店だったようで、残念ながら閉店していました。いつか行って、私もレモンコーヒーを頼みたかったな。え、レモンコーヒー？　また出てきましたね、変なドリンクが。隊員たちも頭痛がしていたのでしょうか。

『柔道龍虎房』は奇天烈さが魅力の作品ですね。姿三四郎を名乗る柔道一直線のおじさんのあの歌は全編にわたって本当に効いてますし、**ルイス・クー**がずっと顔を拭いている赤いタオルがやけに気になったり、時間に遅れた相手を平気で斬りつける元・柔道家もなんだか憎めなかったり。途中で出てきたトーナメント戦で最後は優勝させてルイス・クーを更生させて締めくくるのが普通でしょうが、遠くにそびえる高層ビルを背景にした荒野での**レオン・カーフェイ**との対決ですよ。これが**ジョニー・トー**のセンスですね。

『PTU』は九龍が舞台ですが、香港島が舞台の作品のほうが多いような気がしませんか。コロニアル建築や坂の風景も多くて、トラムも走っているし、画として気に入ってらっしゃるのでしょうか。私の好きなセントラル（中環）の風景は、『ゴールデン・ガイ』や『Needing You』といったラブコメディに出てきます。スターフェリーを降りて街へ向かっていくと、スタチュー・スクエア（皇后像広場）にある大きなコロニアル建築の裁判所（旧立法府大楼）が目に入りますが、ここの緑と周りの高層ビルとの調和が美しくて、香港に来たことを実感する風景のひとつなんです。扱うテーマ故とはいえ、ジョニー・トーは都市を描くのがお好きなんだと思います。ノワール作品でも同様に、ああ香港だなって香港好きが喜ぶ街角を舞台に、同じキャストを繰り返し使ったり、いろいろな状況が同時に起こっていることを巧みに表現したりしながら、ローカル感と緊張感が満載のジョニー・トーの世界は一貫して私たちを楽しませてくれますよね。

❖林

そしてもう一本、拳銃で人が殺されない作品から強くお勧めしたいのが、『スリ』（文雀）ですよね。美山さんもお好きなはず。范文雀って女優がいらしたし、文楽の人形遣いや落語家でも文雀って名前として使われていますよね。広東語では文雀は、俗語としてスリのことを指し示すらしいです。

この映画は、大きく変化を遂げる香港の街へのノスタルジーに溢れています。登場人物は四人組のスリグループ。その一人がサイモン・ヤムで、彼は自転車に乗って香港の街をうろうろとしています。香港映画で自転車と言ったら、『プロジェクトA』を想起しますが、そもそも香港って人は多いし特に香港島は坂道がたくさんあるから、山の上の比較的平坦な尾根の道をロードバイクで走るのならともかく、私が住んでいた頃でも街中での自転車は、そう多くは見かけませんでしたが、古き良き時代には自転車に乗る人はたくさんいたのでしょうね。

中国本土からやってきて、そのうちにどこかへ移り住んでいく若い女性が登場します。彼女の歩き方とその姿がまるで小鳥のようなので、文雀というタイトルはそれを掛けているのでしょう。映画の中にも小鳥が出てきますが何度逃がしてもまた家に戻ってきてしまう小鳥は、文鳥に見えませんでしたか。この作品の英語タイトルはSparrow、スズメ（雀）ですけれど。そう言えば、香港では身なりのきちんとした男の人たちが鳥かごを携えて公園などを闊歩している姿をよく見かけたし、プリンス・エドワード（太子）にはバード・ガーデン（雀仔街）もあって、武侠映画でもしばしば見かけられますから、そもそも小鳥を大事に愛でる文化がありますね。

サイモン・ヤムが自転車に乗りながらモノクロの写真を撮っているのですが、この写真が素敵で何とも郷愁を誘う香港の風景を記憶に焼きつけようとしているかのごとく、いにしえの香港へいざなってくれる効果を醸し出してくれています。四人は毎朝同じローカル食堂に集まって新聞を読みながら朝食を食べ、そしてセントラル（中環）の繁華街に出かけてスリで稼ぐ。香港人って圧倒的に外食が多い生活ですからね。朝から新聞広げて飲茶食べていますし、**イーキン・チェン**主演の

『**冷戦**』で舞台になっていたような、地元の人たちの溜まり場になっている軽食屋（冰室・茶餐廳）が数多くあるのは、美山さんのご指摘の通りです。

ロベール・ブレッソンの『スリ』をもちろん思い出す人もいるでしょうけど、**ジョニー・トー**の『**スリ**』は、特別にスリのテクニックそのものがクライマックスの見せ場でもないし、特段に大事件が起こるわけでもないのです。四人はスリを働く犯罪者ではあるのだけれど、例えば**ラム・カートン**は、若い美女の高価な時計を盗もうと赤ワインを勝負するかのごとく飲みながら、逆に酔い潰れて自分の時計を盗まれてしまうくらいのショボさ。映画としても大きな犯罪組織に立ち向かう四人たちを描くわけではなくて、むしろほのぼのとした

香港島、路地裏の風景

コメディ仕立てに作ってあります。その軽妙さが心地良い。

だからこの映画の魅力は、やっぱり香港の街への郷愁に尽きるのだと思います。そしてジョニー・トーの映画に多く見られる〈雨〉。セリフが一切なくて、『シェルブールの雨傘』へのオマージュとして語り継がれている雨傘の場面が、最高に素敵ですよね。２００８年の作品なので、２０１４年に起こった〈雨傘運動〉と呼ばれる民主化要求への反政府デモはこの映画のずっと後のことですが、今見ると黒い雨傘が雨にぬれて男たちが静かにたたずんでいる場面がより一層アーティスティックに心に残ります。香港は日々刻々と変化している街だけど、ジョニー・トーが制作に何年も時間を掛けたという『スリ』に映された香港の路地裏や食堂、乾物屋や石畳は、できることならいつまでも残っていて欲しい香港の風景ですね。

あとがき

❖林

「香港映画、香港の人々と街への感謝と敬愛の気持ちを」。言視舎の杉山尚次さんからお話を頂いて、香港映画を観たことない方々へ、分かりやすく国際的にも評価された作品を中心に、輝いていた香港映画とそれを支える素晴らしい方々、加えてユニークな街の記憶も綴ってみようと思い定めました。

そして美山恵子さんとの往復書簡風なやり取りを思い立ち、ご多忙の中お付き合い頂きました。一冊の本をまとめるのも孤独な営みで、途中投げ出しそうになりながらも美山さんのおかげでなんとか進められました。また美山さんの温かく深い視点には大いに刺激を受け、組んで良かったと実感しながらの日々でした。重ねて感謝申し上げます。

返還直後に3年余り居住した香港。帰国後は映画祭を通しても観続けている香港映画。美味しい飲茶をご一緒しながらお喋りしているような感じで、敢えてパーソナルなエピソードも書き綴りました。コロナ禍でもあり香港に行かれないと、却って次々と記憶が呼び覚まされてしまい、推敲で3割程は削ったでしょうか。取り上げきれなかった作品もまだまだあります。香港映画を観始めようとする方々への、楽しむ道へいざなう一案になっていたらと願うばかりです。

お引き受けしようか思い悩んでいた際に、書くべきと勇気づけてくださった共同通信の立花珠樹氏、また執筆中細やかに御協力頂いたジェイコブ・ウォン氏とエリカ&ウルリッヒ・グレゴール夫妻、そして特段に助けてくれた母と息子にも、この場をお借りして心からの感謝の意を書き記します。

❖美山

2020年はすべてが止まってしまったかのようで、時々聞こえてくる大好きな香港からの悲しいニュースにも心を痛めていました。そんな夏の終わり、林 加奈子さんから一緒に本を書きませんかと連絡がありました。手探りで始めた半面、往復書簡スタイルはきっとうまく行くと不思議な確信があり、実際に林さんが送ってくださる文章には、私が書きたいと思っていることが散りばめられていて、ピッタリとパズルのようにはまっていきました。

私が幸運にも長く関わることのできたアジア映画と大好きな香港のあれこれを、こんな形で紹介することができて本当に嬉しく思います。あくまでも個人的な経験や感想が綴られていますので、違うご意見の方も当然いらっしゃると思いますが、香港映画をあまり知らない方が興味をもつきっかけになり、またマニアの方にはニンマリと笑っていただければ幸いです。

最初に映画祭の仕事に就いた頃、映画をはじめ多くのことを教えてくださった映画評論家の佐藤忠男先生と故・久子先生ご夫妻に改めて感謝申し上げます。また、今回作品の視聴に細やかに協力してくださった福岡市総合図書館・映像資料部門の皆さま、どうもありがとうございました。そして何より、今回の貴重な経験をくださった林 加奈子さんに心からお礼申し上げます。普段から林さんの映画への誠実な姿勢と情熱には敬服しており、その専門的な知識に助けられながら、共にたくさんの作品を観直し、離れていても密な時間を過ごしたときを忘れることはありません。

ダニエル・ウー、セシリア・チャン、アレックス・フォン
ビースト・ストーカー／証人　Beast Stalker　証人　2008　ダンテ・ラム
ニコラス・ツェー、ニック・チョン、リウ・カイチー
密告・者　The Stool Pigeon　綫人　2010　ダンテ・ラム
ニコラス・ツェー、ニック・チョン、グイ・ルンメイ
コールド・ウォー 香港警察二つの正義　Cold War　寒戰　2012　リョン・ロクマン、サニー・ルク
レオン・カーフェイ、アーロン・クォック、アーリフ・リー、ラム・カートン
風暴ファイアー・ストーム　Firestorm　風暴　2013　アラン・ユエン
アンディ・ラウ、ヤオ・チェン、ラム・カートン、フー・ジュン、レイ・ルイ

▼ジョニー・トー（杜琪峰）

ザ・ミッション 非情の掟　The Mission　鎗火　1999　ジョニー・トー
アンソニー・ウォン、フランシス・ン、ジャッキー・ロイ、ロイ・チョン、ラム・シュー
冷戦　Goodbye Mr. Cool　久龍冰室　2001　ジングル・マ
イーキン・チェン、カレン・モク、レイン・リー、ラム・シュー
ＰＴＵ　英題・原題も同じ　2003　ジョニー・トー
ラム・シュー、サイモン・ヤム、ルビー・ウォン
柔道龍虎房　Throw Down　柔道龍虎榜　2004　ジョニー・トー
ルイス・クー、アーロン・クォック、チェリー・イン、レオン・カーフェイ
エレクション　Election　黒社会　2005　ジョニー・トー
レオン・カーフェイ、サイモン・ヤム、ルイス・クー、ニック・チョン
エレクション 死の報復　Triad Election　黒社會２以和為貴　2006　ジョニー・トー
ルイス・クー、サイモン・ヤム、ニック・チョン、ラム・カートン
エグザイル／絆　Exiled　放・逐　2006　ジョニー・トー
アンソニー・ウォン、フランシス・ン、ニック・チョン、ラム・シュー、ロイ・チョン
スリ　Sparrow　文雀　2008　ジョニー・トー
サイモン・ヤム、ケリー・リン、ラム・カートン、ロー・ホイパン、ロー・ウィンチョン
冷たい雨に撃て、約束の銃弾を　Vengeance　復仇　2009　ジョニー・トー
ジョニー・アリディ、シルヴィー・テステュー、アンソニー・ウォン、ラム・カートン

浮城　Floating City　浮城　2012　イム・ホー
アーロン・クォック、チャーリー・ヤン、アニー・リウ

▼フルーツ・チャン（陳果）

メイド・イン・ホンコン　Made in Hong Kong　香港製造　1997　フルーツ・チャン
サム・リー、ネイキー・イム、ウェンダース・リー、エイミー・タム

花火降る夏　The Longest Summer　去年煙花特別多　1998　フルーツ・チャン
トニー・ホー、サム・リー、ジョー・クーク、パン・イックワイ

リトル・チュン　Little Cheung　細路祥　1999　フルーツ・チャン
ユイ・ユエミン、マク・ワイファン、ゲイリー・ライ

ドリアン・ドリアン　Durian Durian　榴槤飄飄　2000　フルーツ・チャン
チン・ハイルー、マク・ワイファン、ウォン・ミン、ヤン・メイカム

第５章　香港ノワール映画からジョニー・トーまで（人気ジャンルとその監督について）

▼香港ノワール映画

省港旗兵・九龍の獅子／クーロンズ・ソルジャー　Long Arm of the Law　省港旗兵　1984　ジョニー・マック
ラム・ウェイ、ウォン・ジン、ゴン・ロン

欲望の街・古惑仔・コーズウェイベイの疾風　Young and Dangerous　古惑仔之人在江湖　1995　アンドリュー・ラウ
イーキン・チェン、ジョーダン・チャン、ジジ・ライ、マイケル・ツェー

欲望の街・古惑仔Ⅱ／台湾立志伝　Young and Dangerous 2　古惑仔之猛龍過江　1996　アンドリュー・ラウ
イーキン・チェン、ジョーダン・チャン、ジジ・ライ、チンミー・ヤウ

インファナル・アフェア シリーズ　Infernal Affairs　無間道　2002-2003
アンドリュー・ラウ、アラン・マック
アンディ・ラウ、トニー・レオン、アンソニー・ウォン、エリック・ツァン

ワンナイト・イン・モンコック　One Night in Mongkok　旺角黒夜
2004　イー・トンシン

▼シルヴィア・チャン（張艾嘉）

山中傳奇　Legend of the Mountain　山中傳奇　1979　キン・フー
　シルヴィア・チャン、シュー・フォン、シー・チュン、ティエン・ファン

ゴールデン・ガイ　The Fun, the Luck & the Tycoon　吉星拱照 1990 ジョニー・トー
　チョウ・ユンファ、シルヴィア・チャン、ウォン・コンユン

果てぬ想い 醒夢季節　Mary from Beijing　夢醒時分　1992　シルヴィア・チャン
　コン・リー、ケニー・ビー

20 30 40 の恋　20 30 40（原題も）2004　シルヴィア・チャン
　シルヴィア・チャン、レネ・リウ、アンジェリカ・リー

▼スタンリー・クワン（關錦鵬）

ルージュ　Rouge　胭脂扣　1988　スタンリー・クワン
　アニタ・ムイ、レスリー・チャン、アレックス・マン

フルムーン・イン・ニューヨーク　Full Moon in New York　人在紐約　1989　スタンリー・クワン
　マギー・チャン、シルヴィア・チャン、スーチン・ガオワー

ロアン・リンユィ 阮玲玉　Center Stage　阮玲玉　1991　スタンリー・クワン
　マギー・チャン、レオン・カーフェイ、カリーナ・ラウ

ホールド・ユー・タイト　Hold You Tight　愈快樂愈墮落　1998　スタンリー・クワン
　チンミー・ヤウ、クー・ユールン、サニー・チャン、エリック・ツァン

異邦人たち　The Island Tales　有時跳舞　2000　スタンリー・クワン
　大沢たかお、ミシェル・リー、スー・チー、桃井かおり

▼アレン・フォン（方育平）、イム・ホー（厳浩）

父子情　Father and Son　父子情　1981　アレン・フォン
　シェク・ルイ、チェン・ユーオ、ヨン・ワイマン

ホームカミング　Homecoming　似水流年　1984　イム・ホー
　スーチン・ガオワー、ジョセフィーヌ・クー

レッドダスト　Red Dust　滾滾紅塵　1990　イム・ホー
　ブリジット・リン、チン・ハン、マギー・チャン、リチャード・ン

息子の告発　The Day the Sun Turned Cold　天国逆子　1994　イム・ホー
　ツォ・チョンファ、スーチン・ガオワー

ホールド・ユー・タイト 〈スタンリー・クワン〉の項目参照

第4章 アン・ホイからフルーツ・チャンまで(監督ごとにその映画について)

▼アン・ホイ（許鞍華）

望郷 Boat People 投奔怒海 1982 アン・ホイ
ジョージ・ラム、アンディ・ラウ、コラ・ミャオ
傾城の恋 Love in the Fallen City 傾城之戀 1984 アン・ホイ
チョウ・ユンファ、コラ・ミャオ
客途秋恨 Song for the Exile 客途秋恨 1990 アン・ホイ
ルー・シャオフェン、マギー・チャン、レイ・チーホン
女人、四十。 Summer Snow 女人、四十。 1995 アン・ホイ
ジョセフィン・シャオ、ロイ・チャオ、ロウ・カーウィン、ロウ・コーラン
半生縁 Eighteen Springs 半生縁 1997 アン・ホイ
ン・シンリン、レオン・ライ、アニタ・ムイ
男人、四十 July Rhapsody 男人四十 2002 アン・ホイ
ジャッキー・チュン、アニタ・ムイ、カリーナ・ラム
生きて行く日々 The Way We Are 天水圍的日與夜 2008 アン・ホイ
リョン・チョンルン、パウ・ヘイチン、チャン・ライワン
桃（タオ）さんの幸せ A Simple Life 腿姐 2011 アン・ホイ
アンディ・ラウ、ディニー・イップ、ワン・フーリー、チン・ハイルー

▼ヨン・ファン（楊凡）

美少年の恋 Bishonen 美少年之戀 1998 ヨン・ファン
スティーブン・フォン、ダニエル・ウー
華の愛 遊園驚夢 Peony Pavilion 遊園驚夢 2001 ヨン・ファン
宮沢りえ、ジョイ・ウォン、ダニエル・ウー

▼メイベル・チャン（張婉婷）

七小福 Painted Faces 七小福 1988 アレックス・ロー
サモ・ハン・キンポー、ラム・チェンイン、チェン・ペイペイ
ツイン・ドラゴン Twin Dragons 雙龍會 1992 ツイ・ハーク、リンゴ・ラム
ジャッキー・チェン、マギー・チャン
宋家の三姉妹 The Soong Sisters 宋家皇朝 1997 メイベル・チャン
マギー・チャン、ミシェル・ヨー、ヴィヴィアン・ウー

▼レスリー・チャン（張國榮）

さらば、わが愛／覇王別姫 Farewell My Concubine 覇王別姫 1993 チェン・カイコー
レスリー・チャン、チャン・フォンイー、コン・リー
夢翔る人 色情男女 Viva Erotica 色情男女 1996 イー・トンシン
レスリー・チャン、カレン・モク、スー・チー、ロー・カーイン、アンソニー・ウォン
歌って恋して Ninth Happiness 九星報喜 1998 クリフトン・コー
レスリー・チャン、ン・シンリン、ケニー・ビー
流星〜 The Kid 〜 The Kid 流星語 1999 ジェイコブ・C・L・チャン
レスリー・チャン、エリクソン・イップ、キャリー・ン、ティ・ロン

▼ラブ・ロマンス映画

誰かがあなたを愛してる An Autumn's Tale 秋天的童話 1987 メイベル・チャン
チョウ・ユンファ、チェリー・チェン
過ぎゆく時の中で All About Ah-Long 阿郎的故事 1989 ジョニー・トー
チョウ・ユンファ、シルヴィア・チャン
つきせぬ想い C'est La Vie, Mon Cheri 新不了情 1993 イー・トンシン
アニタ・ユン、ラウ・チンワン、カリーナ・ラウ
君さえいれば 金枝玉葉 He's a Woman, She's a Man 金枝玉葉 1994 ピーター・チャン
レスリー・チャン、アニタ・ユン、カリーナ・ラウ、エリック・ツァン
ラヴソング Comrades: Almost a Love Story 甜蜜蜜 1996 ピーター・チャン
レオン・ライ、マギー・チャン、エリック・ツァン
玻璃の城 City of Glass 玻璃之城 1998 メイベル・チャン
レオン・ライ、スー・チー、ダニエル・ウー
Needing You Needing You... 孤男寡女 2000 ジョニー・トー、ワイ・カーファイ
サミー・チェン、アンディ・ラウ、フィオナ・リョン、レイモンド・ウォン
忘れえぬ想い Lost in Time 忘不了 2003 イー・トンシン
セシリア・チャン、ラウ・チンワン、ルイス・クー
2046 〈ウォン・カーウァイ〉の項目参照

第3章　チョウ・ユンファからラブ・ロマンス映画まで(スターとその映画について)

▼チョウ・ユンファ（周潤發）

風の輝く朝に　Hong Kong 1941　等待黎明　1984　レオン・ポーチ
チョウ・ユンファ、イップ・トン、アレックス・マン
男たちの挽歌　A Better Tomorrow　英雄本色　1986　ジョン・ウー
チョウ・ユンファ、ティ・ロン、レスリー・チャン
男たちの挽歌 II　A Better Tomorrow Ⅱ　英雄本色Ⅱ　1987　監督・出演者同じ
友は風の彼方に　City on Fire　龍虎風雲　1987　リンゴ・ラム
チョウ・ユンファ、ダニー・リー、スン・イェー、ロイ・チョン
ゴッド・ギャンブラー　God of Gamblers　賭神　1989　バリー・ウォン
チョウ・ユンファ、アンディ・ラウ、ジョイ・ウォン
おばさんのポストモダン生活　The Postmodern Life of My Aunt　2006
アン・ホイ
スーチン・ガオワー、チョウ・ユンファ、ヴィッキー・チャオ
傾城の恋　〈アン・ホイ〉の項目参照

▼レオン・カーフェイ（梁家輝）

月夜の願い 新難兄難弟　He Ain't Heavy, He's My Father　新難兄難弟
1993　ピーター・チャン、リー・チーガイ
レオン・カーフェイ、トニー・レオン、カリーナ・ラウ、アニタ・ユン
黒薔薇 VS 黒薔薇　〈コメディ映画〉の項目参照
エレクション　〈ジョニー・トー〉の項目参照

▼アンソニー・ウォン（黃秋生）

千言萬語　Ordinary Heroes　千言萬語　1999　アン・ホイ
ロレッタ・リー、リー・カンシャン、アンソニー・ウォン
やがて哀しき復讐者　Punished　報應　2011　ロー・ウィンチョン
アンソニー・ウォン、リッチー・レン、キャンディ・ロー、ジャニス・マン
イップ・マン 最終章　Ip Man: The Final Fight　葉問：終極一戰　2013
ハーマン・ヤウ
アンソニー・ウォン、ジリアン・チョン、アニタ・ユン、ジョーダン・チャン
桃（タオ）さんのしあわせ　〈アン・ホイ〉の項目参照

サモ・ハン・キンポー、ラム・チェンイン、ウー・マ

五福星 Winners and Sinners 奇謀妙計五福星 1983 サモ・ハン・キンポー

サモ・ハン・キンポー、リチャード・ン、ジャッキー・チェン、ユン・ピョウ

香港発活劇エクスプレス 大福星 My Lucky Stars 1985 福星高照 サモ・ハン・キンポー

サモ・ハン・キンポー、ジャッキー・チェン、ユン・ピョウ、リチャード・ン

七福星 Twinkle Twinkle Lucky Stars 夏日福星 1985 サモ・ハン・キンポー

サモ・ハン・キンポー、リチャード・ン、エリック・ツァン、倉田保昭

拳師～The Next Dragon～ Wushu 武术之少年行 2008 アントニー・シト

サモ・ハン・キンポー、ワン・ウェンジェ、ワン・ヤーチャオ

▼ジャッキー・チェン（成龍）

プロジェクトA Project A A計劃 1983 ジャッキー・チェン

ジャッキー・チェン、サモ・ハン・キンポー、ユン・ピョウ

奇蹟/ミラクル Canton God Father 1989 奇蹟 ジャッキー・チェン

ジャッキー・チェン、アニタ・ムイ、グロリア・イップ、ウー・マ

▼コメディ映画

Mr. Boo! ミスター・ブー The Private Eyes 半斤八両 1976 マイケル・ホイ

マイケル・ホイ、サミュエル・ホイ、リッキー・ホイ、シー・キエン、リチャード・ン

悪漢探偵 Aces Go Places 最佳拍檔 1982 エリック・ツァン

サミュエル・ホイ、シルヴィア・チャン、カール・マッカ

霊幻道士 Mr. Vampire 殭屍先生 1985 リッキー・ラウ

ラム・チェンイン、リッキー・ホイ、ムーン・リー

黒薔薇VS黒薔薇 92 The Legendary la Rose Noire 92黑玫瑰對黑玫瑰 1992 ジェフ・ラウ

レオン・カーフェイ、マギー・シュウ、フォン・ボーボー、ウォン・ワンシー

少林サッカー Shaolin Soccer 少林足球 2001 チャウ・シンチー

チャウ・シンチー、ン・マンタ、パトリック・ツェー、ヴィッキー・チャオ

ラウ・カーリョン
リュー・チャーフィー、ロー・リエ、ラウ・カーウィン、リー・ホイサン

少林寺秘棍房 The Eight Diagram Pole Fighter 五郎八卦棍 1984 ラウ・カーリョン
リュー・チャーフィー、アレクサンダー・フー・シェン、ベティ・ウェイ

カンフーハッスル Kung Fu Hustle 功夫 2004 チャウ・シンチー
チャウ・シンチー、ラム・ジーチョン、ユン・ワー

イップ・マン シリーズ（序章・葉問・継承・完結） 2008-2019 ウィルソン・イップ
ドニー・イェン、サイモン・ヤム、サモ・ハン・キンポー、マイク・タイソン

イップ・マン 誕生 The Legend is Born-Ip Man 葉問前傳 2010 ハーマン・ヤウ
デニス・トー、ルイス・ファン、サモ・ハン・キンポー、ユン・ピョウ

▼ブルース・リー（李小龍）

ドラゴン怒りの鉄拳 Fist of Fury 精武門 1972 ロー・ウェイ
ブルース・リー、ノラ・ミャオ、ティエン・フォン、ジェームズ・ティエン

ドラゴンへの道 The Way of the Dragon 猛龍過江 1972 ブルース・リー
ブルース・リー、ノラ・ミャオ、トニー・リュウ、チャック・ノリス

燃えよドラゴン Enter the Dragon 龍争虎闘 1973 ロバート・クローズ
ブルース・リー、ジョン・サクソン、ジム・ケリー、アンジェラ・マオ

▼サモ・ハン・キンポー（洪金寶）

燃えよデブゴン Enter the Fat Dragon 肥龍過江 1978 サモ・ハン・キンポー
サモ・ハン・キンポー、リク・チュセク、フォン・フェン、リー・ハイシャウ

燃えよデブゴン 豚だカップル拳 Odd Couple 搏命單刀奪命搶 1979 ラウ・カーウィン
サモ・ハン・キンポー、ラウ・カーウィン、マース、レオン・カーヤン

霊幻師弟 人嚇人 The Dead and the Deadly 人嚇人 1982 ウー・マ

シャン
ロー・ティ、リン・ポー

第2章　武俠映画からコメディ映画まで(ジャンルごと、そして白眉の人たちについて)

▼武俠映画

大酔俠　Come Drink with Me　大酔俠　1966　キン・フー
チェン・ペイペイ、ユエ・ホア、チェン・ホンリエ、ヤン・チーシアン

残酷ドラゴン 血斗竜門の宿　Dragon Inn　龍門客桟　1967　キン・フー
パイ・イン、シュエ・ハン、シャンカン・リンホー、シー・チュン

俠女 第一部：チンルー砦の戦い／第二部：最後の法力　A Touch of Zen　俠女　1970,1971　キン・フー
シュー・フォン、シー・チュン、パイ・イン、ティエン・ポン、シュエ・ハン、ロイ・チャオ

マジック・ブレード　The Magic Blade　天涯・明月・刀　1976　チュー・ユアン
ティ・ロン、ロー・リエ、クー・フォン

ワンス・アポン・ア・タイム・イン・チャイナ 天地黎明　Once Upon a Time in China　武状元黄飛　1991　ツイ・ハーク
ジェット・リー、ユン・ピョウ、ロザムンド・クワン

風雲 ストームライダーズ　The Storm Riders　風雲雄覇天下　2000　アンドリュー・ラウ
イーキン・チェン、アーロン・クォック、千葉真一、クリスティ・ヤン、スー・チー

グリーン・デスティニー　Crouching Tiger, Hidden Dragon　臥虎蔵龍　2000　アン・リー
チョウ・ユンファ、ミシェル・ヨー、チャン・ツィイー、チャン・チェン、チェン・ペイペイ

▼クンフー映画

片腕必殺剣　One-Armed Swordsman　獨臂刀　1967　チャン・チェ
ジミー・ウォング、チャオ・チャオ、ティエン・ファン

片腕カンフー対空とぶギロチン　The One Armed Boxer Vs. the Flying Guillotine　獨臂拳王大破血滴子　1975　ジミー・ウォング
ジミー・ウォング、カム・カン、ドリス・ルン

少林寺三十六房　The 36th Chamber of Shaolin　少林三十六房　1978

本書に登場する主な作品

本文中で触れた主な香港映画を、項目に沿って製作年順にまとめました

邦題・英題・原題・製作年・監督

主な出演者

第1章　ノーマンからユエンリンまで(敬愛なる香港人について)

▼ノーマン・ワン（王為傑）とウォン・カーウァイ（王家衛）

欲望の翼　Days of Being Wild　阿飛正傳　1990　ウォン・カーウァイ
レスリー・チャン、マギー・チャン、カリーナ・ラウ、アンディ・ラウ

恋する惑星　Chungking Express　重慶森林　1994　ウォン・カーウァイ
トニー・レオン、フェイ・ウォン、ブリジット・リン、金城武

花様年華　In the Mood for Love　花様年華　2000　ウォン・カーウァイ
マギー・チャン、トニー・レオン

2046　英題・原題も同じ　2004　ウォン・カーウァイ
トニー・レオン、木村拓哉、カリーナ・ラウ、チャン・ツィイー、フェイ・ウォン、コン・リー

フルムーン・イン・ニューヨーク　＜スタンリー・クワン＞の項目参照

▼クリストファー・ドイル（杜可風）

香港ノクターン　Hong Kong Nocturne　香江花月夜　1967　井上梅次
チェン・ペイペイ、チン・ピン、リリー・ホー

▼シュウ・ケイ（舒琪）

喝采の扉 虎度門　Hu-Du-Men　虎度門　1996　シュウ・ケイ
ジョセフィン・シャオ、アニタ・ユン、チョン・ゲンファイ

▼ウォン・アイリン（黄愛玲）

マンボガール　Mambo Girl　曼波女郎　1957　イー・ウェン
グレース・チャン、ピーター・チェン

四千金　Our Sister Hedy　四千金　1957　ドー・チン
ムー・ホン、イエ・フン、リン・ツイ

長腿姐姐　Sister Long Legs　長腿姐姐　1960　タン・ファン
リン・ツイ、イエ・フン、ロイ・チャオ

同命鴛鴦　The Eternal Love　同命鴛鴦　1960　チュー・シーリン
シア・モン、フー・チー、ゴン・チウシィア

梁山泊と祝英台　The Love Eterne　梁山泊與祝英台 1963　リー・ハン

［著者紹介］
林 加奈子（はやし・かなこ）
1962年東京生まれ。1998年3月末から2001年5月半ばまでの3年余り、香港に居住。映画祭コーディネーター、映画祭コンサルタント、映画祭ディレクター、大学の非常勤講師を経て、現在フリー。ヴェネツィア、ベルリン、釜山、サンパウロ、トビリシなど20回を越える国際映画祭の審査員を務め、延にして150回余りの国際映画祭に招待出席している。

美山恵子（みやま・けいこ）
1966年香川県生まれ。アジアフォーカス・福岡映画祭がアジア映画の認知に努めた時代、第3回から14年間事務局に勤務。その後東京フィルメックスで2008年から10年間、主に来日ゲストの受け入れ調整や審査員アテンドなどの運営業務に携わる。現在は地方自治体で英語通訳・翻訳者として従事。仕事・休暇ともに香港渡航歴多数。

ブックデザイン………長久雅行
DTP制作………勝澤節子
編集協力………田中はるか
本文、カバー写真………美山恵子
写真協力………公益財団法人川喜多記念映画文化財団

香港映画100の情景
輝く世界と自由な記憶

発行日❖2021年3月31日　初版第1刷

著者
林 加奈子、美山恵子

発行者
杉山尚次

発行所
株式会社言視舎
東京都千代田区富士見2-2-2 〒102-0071
電話 03-3234-5997　FAX 03-3234-5957
https://www.s-pn.jp/

印刷・製本
モリモト印刷㈱

© 2021, Printed in Japan
ISBN978-4-86565-198-0 C0074

言視舎刊行の関連書

978-4-86565-001-3

この映画を観れば世界がわかる
現在を刺激する監督たちのワールドワイドな見取り図

日本はもちろん、韓国や中国・香港などアジア、ヨーロッパ全域、南北のアメリカ大陸から、注目すべき監督をセレクト。激動する現代社会の空気を呼吸する作品を紹介する。写真・イラスト多数収録

東京フィルメックス編　A5判並製　定価1800円＋税

978-4-86565-174-4

もう一度見たくなる100本の映画たち
外国映画編

名画三昧は大人の特権。昔見たけれど忘れてしまった作品や名前だけ知っている名画などを堪能するチャンス。その絶好の手助けとなるのが本書。間違いなく心にしみる名作をチョイスし、関連映画も多数紹介。

立花珠樹著　A5判並製　定価1800円＋税

978-4-86565-032-7

女と男の名作シネマ
極上恋愛名画100

外国恋愛映画の名作を10のカテゴリーに分類して、100本を厳選。女優の魅力、不倫や初恋、狂気の愛、歴史を呼吸する恋など、古典的名作から観る者の生き方を変えかねない問題作まで、一生ものの映画ガイド。

立花珠樹著　四六判並製　定価1600円＋税

978-4-86565-186-7

洋画プログラムに夢中だった頃
1955-1988秘蔵コレクション大公開

秘蔵のコレクション大公開！　著者がリアルタイムで鑑賞し購入した洋画プログラムをテーマ別に編集。プログラムとともによみがえる映画体験のワクワク感。新しい視点による日本における洋画の受容史でもある

新井巌著　A5判並製　定価2000円＋税

978-4-86565-037-2

「戦争映画」が教えてくれる
現代史の読み方

現代の最重要キーワード「戦争」。ナチスによるホロコーストから現在のパレスチナ問題まで、現代史の流れは、映画を観ると驚くほどわかる。450本以上の作品を紹介。出来事と映画の対応年表付き。

福井次郎著　A5判並製　定価1800円＋税